スポーツ報知の記者が歩いた

新・東海道五十三次

はじめに

お江戸日本橋から京都・三条大橋まで、東海道五十三次を歩き、一宿ごとに毎日、記事にしていく。こんなシンプルで、息の長い連載が「スポーツ報知」社会面で始まったのは、2001年のお正月だった。

担当したのは、プロ野球やレジャー記事を書いてきた編集委員（当時）5人だが、ほとんどが運動不足だった。だから「歩くなんて好きじゃない。それも真冬の東海道五十三次なんて、まっぴらだ」と出渋った。イヤがる記者たちを見て「業務命令・ヤケッパチ道中記」という副題がついた。

健康は、だれにも切実なテーマである。ウオーキングは最も手軽で、安全なスポーツとして人気になっている。世の健康ブームに後押しされて、この連載は思いがけず、大きな読者の支持を得た。

いやいや東海道を歩き出した中年記者たちが、やがて「歩くって、なんて気持ちがいいのだろう」と目覚める日が、やってくる。

目　次

はじめに
日本橋　赤穂浪士が眠る泉岳寺　酔っ払いも眠っていた……8
品川宿　遊女目当てに泊まる→新幹線が止まる……12
川崎宿　極楽も地獄も大人気だった「お大師様」のうどん……16
神奈川宿　せんべい屋もそば屋も消えた　旧街道に吹く不景気風……20
保土ヶ谷宿　意外と楽な権太坂!?　あれれ道を間違え後戻り……24
戸塚宿　旅館なし…反則？　東海道線に乗って小田原へ……28
藤沢宿　ガッカリ…汚い川、勝てないパチンコ、見えない富士山……32
平塚宿　お菊、鏡山お初、虎御前…気になる女に会いに行く……36
大磯宿　ランニングシューズって歩きに向かないの？……40
小田原宿　足柄古道で発見「金太郎の末裔は佐藤さん…」……44
箱根宿　歩道がない、車がバンバン怖い怖い山越え……48
三島宿　富士の湧き水で育ったうなぎは浜名湖と互角だ……52
沼津宿　１００円で心洗われる「我入道の渡し」……56
原宿　本陣屋敷跡で「鰻」と「富士山」を満喫のはずが………60
吉原宿　富士山を背に宝くじを購入…さあ追いはぎは出るか？……64
蒲原宿　うすい桜エビ「でも今の人はコンビニ弁当…」……68
由比宿　不安な薩埵峠…あれれ山下泰裕さんだ……72
興津宿　日本一のはんぺんを作る魚屋に突撃取材……76

江尻宿　次郎長気分でOL子分と仇の供養……80
府中宿　安倍川橋を736歩で歩く…誤差わずか2メートル強……84
丸子宿　行列のできる店をパス、とろろ汁を穴場で腹一杯……88
岡部宿　足裏を刺激「はだしの細道」を5周…五十肩治る?……92
藤枝宿　〝健康オタク〟家康がはまった「タイの天ぷら」……96
島田宿　意気込み空振り!?「世界一長い木造の橋」ただいま閉鎖中……100
金谷宿　最大心拍数の70%を目指して急坂をハアハアゼエゼエ……104
日坂宿　名物ない、絶景ない…それでも楽しい昔ながら……108
掛川宿　意気投合!!隣の男も大阪から単身赴任中……112
袋井宿　驚き「へそ寺」…そうか「此処は街道ど真ん中」……116
見付宿　主人けしかけ「市長になってスッポン鍋語り継げ」……120
浜松宿　心臓に悪いよ!!懐具合を気にしながらの芸者遊びだ……124
舞坂宿　商人気分…「清水一家の富五郎」で町おこしできないか……128
新居宿　空腹に勝てず寄り道…名物のうな重をパクつく……132
白須賀宿　先回り大名行列激写作戦…2時間待ちぼうけ……136
二川宿　激しい雨…いざ浜名湖競艇!ルンルン高配当……140
吉田宿　下見もしました。うなぎ食いたさ1万2200歩……144
御油宿　美しい松並木に心奪われ1マイルテスト忘れちゃった……148
赤坂宿　これは奇跡か　江戸時代と変わらぬ姿の宿に泊まる……152
藤川宿　源氏蛍発生の地…清流の代わりに廃車の山……156

岡崎宿　八丁味噌の老舗で思い出したおふくろの味……160
知立宿　わびしい夜…「旅の宿丹前汚す一人酒」お粗末。……164
鳴海宿　瓦ぶき、なまこ壁…眺め最高も車ビュンビュン……168
宮宿　「限界」足裏水膨れ…トラック運転手ありがとよ……172
桑名宿　「おまへのはまぐりなら、なを…」そこまで言えない……176
四日市宿　油取れる菜の花畑は今、コンビナートが支配……180
石薬師宿　厄よけ、病気治療…みんなの分もまとめて祈ったぞ!!……184
庄野宿　春らんまん!?女性教師と桜の木の下で……188
亀山宿　任務完了…俺もいっぱしのウオークマン……192
関宿　「古き良き日本」に出会えた日、電信柱が〝消えた〟……196
坂の下宿　負けてたまるか!!トラックの爆音に声でやり返す……200
土山宿　朝5時＝起床、夜9時＝就寝…サイレンが鳴り響く……204
水口宿　「お先にどうぞ」が魅力の英国流ウオーキング……208
石部宿　街道文化を守ろうとする町は子供にも優しかった……212
草津宿　無償の行動に支払われる通貨「おうみ」で映画も見られる……216
大津宿　色紙にサイン!?ちょっぴり有名人気分……220
三条大橋　無事にゴォ～ル八坂神社で御祓い締めだ……224

イラスト　まるおかななめ

凡例

・記事は2001年（平成13年）1月3日〜2月27日に掲載しました。
・本文に登場する方々の年齢は原則として、2001年取材当時のものです。
・宿場名は現在、使われている一般的な名称で統一しています。
・店舗や施設の営業日、営業時間、料金は変更されている場合があります。
・本文の「東海道」は、旧東海道を示します。

◇「東海道五十三次」とは

東海道は昔から、日本を代表する幹線道路だった。1600年（慶長5年）、関が原の戦いに勝った徳川家康は翌年、全国支配の基礎を固める一環として、五街道（東海道、中山道、甲州街道、奥州街道、日光街道）の整備を始め、交通制度の充実を図った。

東海道は江戸・日本橋から京都・三条大橋まで、全長492㌔。起点となる江戸―京都間に53の宿駅を置いた。

赤穂浪士が眠る泉岳寺　酔っ払いも眠っていた

日本の五街道の起点、日本橋の「道路元標」から品川までの2里（7・8キロ）。「お江戸日本橋七つ立ち、初のぼり、行列そろえてあれわいさのさ、こちゃ高輪夜明けで提灯（ちょうちん）消す、こちゃえ、こちゃえ」――。いよいよ新東海道五十三次への旅立ちである。同じ歩くなら七つ、午前4時に、ウオーキングシューズではなくわらじ姿としゃれたのだった。わらじは本紙の芸能記者が東京・歌舞伎座の小道具から歌舞伎俳優が履いていたのを拝借してきてくれた。

物見遊山の庶民も、参勤交代の行列も、「東海道中膝栗毛」（十返舎一九）の弥次喜多も胸ワクワクの旅立ちだったろう

が、こちらはビクビクだ。なにせ担当医から下（拡張期血圧）が90を超える高血圧に、ヘモグロビンが7・8の高血糖とイエローカードをもらっている身である。

しかも「東海道名所記」（浅井了意作）の「夜ふかく（朝早く）宿を出でぬれば、山賊（やまだち）辻切の気づかいあり」が頭をよぎる。まさか今時、山賊や辻切はいないだろうが、あちらこちらで「おやじ狩り」がある。えーいままよ、と東京駅を右に見て、京橋から銀座通りへ。誰もいないがたまにすれ違うホームレスが不思議そうな顔でこちらを見ていた。

「日本国道路元標」のある日本橋

西条八十作詞、中山晋平作曲の「銀座柳の碑」あたりで足の親指に痛みを感じた。わらじのサイズが小さく外に飛び出しているのだ。昼間なら奇人変人に見られ、へたをすればお巡りさんに呼び止められるだろうが、幸いまだ誰とも会っていない。やがて芝大神宮、増上寺から第一京浜国道。ここは毎年1月2、3日に行われる箱根駅伝の激闘の道だ。

地下鉄大門駅前で始発まで飲んでいたらしい5人のサラリーマン風の一人が道路でひっくり返っていた。こちらは健康をテーマにしたヤケッパチ道中、あちらはタクシー代をけちった不健康道中、と威張れるほどのものじゃないが、バカ仲間はどこにもいる。ただ日本橋でビクビクしていたが、人の姿が見えるようになって平常心に戻っていた。疲れも感じない。実はスタミナをつけようと決行前夜に焼き肉をたらふく食べ、スタート前には１３００円の栄養補給のドリンクを飲んでおいた。体験取材も結構お金がかかるのである。

さらに三田駅まで1時間20分、日本橋から5キロ。まもなく右に赤穂浪士が眠る「泉岳寺」がある。新東海道への旅立ちをあえて真冬の12月15日にしたのには理由があった。１７０２年（元禄15年）のこの日の未明、旧赤穂藩の大石内蔵助良雄（44）以下47人が本所の吉良邸に討ち入り、吉良上野介義央（62）の首を取って隅田川を渡り、亡君浅野内匠頭の墓があるこの「泉岳寺」にささげた。時間は午前3時ごろだった、という。門前は早朝で閉められていた。

ＪＲ品川駅が目の前に見えるころ、東の空が明るんできた。なるほど提灯を持っていたらもう消してもいい。日本橋までタクシーなら15分、在来線ならわずかに8分、それを歩いて2時

●——日本橋

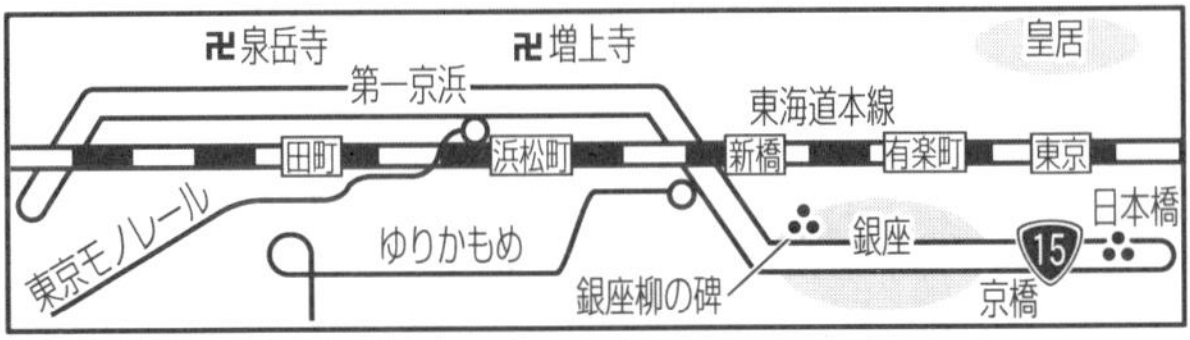

間ジャスト、歩数計は1万2335歩だった。腹が減って終夜営業のラーメン店に飛び込んだ。あとで調べたら歩行2時間の消費量は600㌔㌍、ラーメン一杯の摂取量は530㌔㌍。何のことはない、体には〝いってこい〟の旅立ちだったが、気分は爽快（そうかい）だった。（磐城）

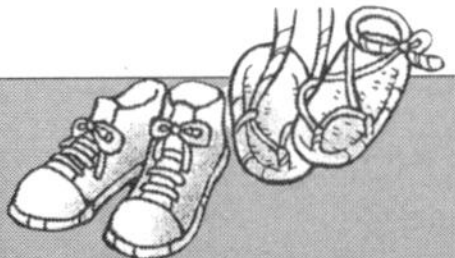

歩く姿、格好は個人の自由だ。他人に迷惑をかけないなら〝おもしろがり精神〟でわらじを履いて、三度笠をかぶってもいい。わらじ歩行の経験者から言わせてもらうと、当然のことだがやはりウオーキングシューズがベストだろう。いまどき、わらじを売っている店がなかなか見つからない。たとえ手に入っても、いざ歩き出すと足の指が外に飛び出し、地面に触れてケガをしかねない。しかも歩きにくいから、やたらと目的地まで時間がかかるのである。履きなれた革靴やウオーキングシューズと違って、両足に負担がかかるから筋肉痛にもなる。テレビ局の企画で、わらじで30㌔を歩いた人がいた。「それでも破れたり、ひもがちぎれたりしなかった」というから意外と丈夫で、昔の人は1足で3日は歩いたそうだ。

遊女目当てに泊まる→新幹線が止まる

　JR品川駅高輪口から西へ坂道を約200メートルほど上がると「八ツ山橋」がある。ここは江戸時代から春には潮干狩り、御殿山の桜、夏から秋にかけては月見と紅葉でにぎわった。現在は前方に高層ビルが建ち並ぶ天王洲アイル、手前の品川駅は1997年（平成9年）から工事が始まり、2003年（平成15年）10月1日から新幹線が開業。21世紀の景色になった。

　かつて橋を渡れば「品川の宿には遊女おほし。旅人のとおるとき、手をあらひける女のはしり出て、まねきとむるをみて…」（浅井了意作・東海道名所記）と

遊女屋が並んでいた。吉原を北国、品川を南蛮と俗称され、1843年（天保14年）の記録には旅籠（はたご）屋は111軒、そのうち飯盛女という名の遊女を置いていない平旅籠はわずか19軒だけだった。飯盛女は500人置くことが公認されていたが、実際は1500人いたとも。川柳に「品川の客ににんべんのあるとなし」とあるが、武士（侍）や僧侶も常連客だったのだ。

開発が進む品川駅周辺

どこかにそれらしき面影が残っているだろうと、旧街道を歩いたが普通の商店街だった。「旧東海道品川宿周辺まちづくり協議会」が設置している「お休み処（どここ）」で品川で生まれ育った傘屋の3代目、岩本清さんに会った。「今はもう、何も残っていませんよ。良き時代を知っている人もほとんど亡くなっていますからね」という。

1958年（昭和33年）に施行された売春防止法で遊郭街は徐々にリニューアルされて

いった。落語「居残り佐平治」で有名な、創業130年のうなぎ「荒井屋」は旧道から南へ一筋の所にあった。ここでも4代目の主人、荒井直樹さんが「東京オリンピックがあった昭和39年まではまだにぎやかだったよ。50年代に2、3軒残っていたような記憶があるけど、もうみんな取り壊したからな」と地元の人でさえ遠い昔の話だ。

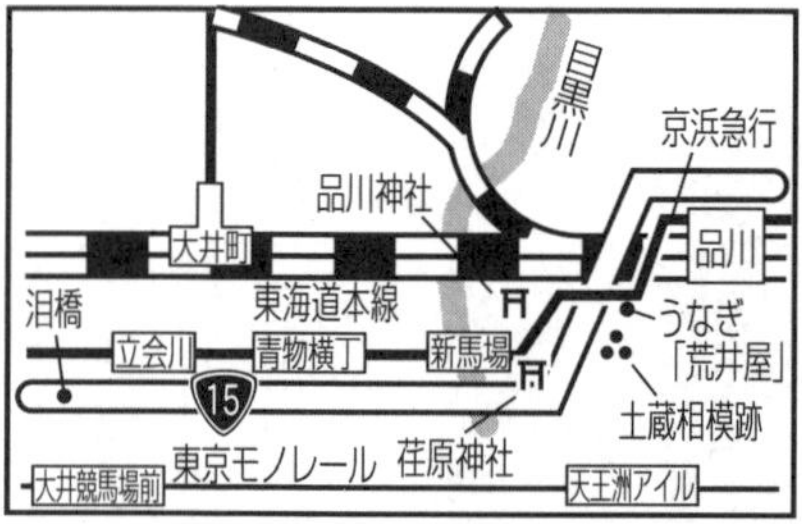

品川宿で一番規模の大きかった旅籠屋「土蔵相模」は1866年（慶応2年）に火事で焼け、明治以降は貸屋敷「相模楼」に、そのあとホテルになり、1982年（昭和57年）に解体された。今はコンビニと2階からマンションになっている。長州藩の高杉晋作らがこの「土蔵相模」で密議して、御殿山のイギリス公使館を焼き打ちしたのは1862年（文久2年）のことだった。

その高杉晋作は奇兵隊を作り、長州の天才といわれた一方で、なかなかの好色男だったらしい。同志に「もし死んだら墓前に芸者を集めて三味線を鳴らし、酒をふるまってにぎやかにやって欲しい」と伝え、この品川宿で「三千世界の烏を殺し、主（ぬし）と朝寝をしてみたい」と即興の都々逸を残す粋なところがあった。それぐらいのエネルギーがなければ人の上に立てないのだろうが、記者には縁のない話だ。
「八ツ山橋」から江戸本郷の八百屋お七の芝居で有名な「鈴ケ森刑場跡」を経て、川崎宿の宿境になる多摩川まで約10キロ。刑場に向かう罪人と肉親の別れの場だった「浜川橋（泪橋）」辺りもマンションが建ち並んでいる。品川に新幹線が止まる時代になった。3時間ほどの遊郭探しが徒労に終わって当然だった。（磐城）

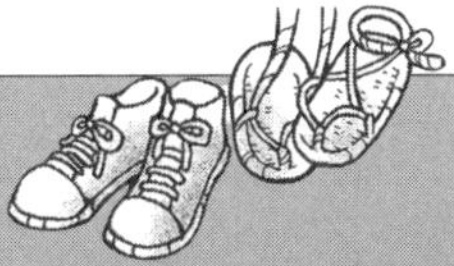

ペットボトルの水やお茶はいつ、どこでも買える時代になった。しかも適当に冷えていて、のどを潤してくれるからありがたい。ちょっと前まで自宅から水筒をぶら下げていったのがウソのようだ。特に山間部を歩くときは、売店がなく、自動販売機も置いていないこともあるので、出発前に好みのペットボトルを買っておく。それも大きいサイズだと重いので、小さめがいい。

さて、のどが乾いたからと飲むのはいいが、一気飲みは控えること。スポーツ選手の水分補給はチビチビとやるのが鉄則で、一気飲みをすると心臓に負担がかかって、逆に疲れるそうだ。東海道にも急な坂があちこちにある。息を切らしてやっと急坂を上り切って、一気飲みをすると心臓が音を上げ、あげくに歩き続けるのが嫌になる。「水分はチビチビと」を守ろう。

川《かわ》崎《さき》宿

極楽も地獄も大人気だった「お大師様」のうどん

江戸から2番目の宿・川崎には六郷の渡しといって江戸期は舟で渡った。六郷川は東京都と川崎市の間を流れる多摩川の下流の別称だ。起点としたのが京急・六郷土手駅。駅を右に出てすぐに「大田区自然観察路・川と干潟のみち」という解説板を見つけた。冬はコガモ、ツグミ、またオオヨシキリなどが鳴きやまなかった場所と書いてある。

六郷橋を渡る。右手前方にオフィスビル群が見え、左下の河川敷にはテニス練習場、ホームレスの掘っ立て小屋。5分で渡り切る途中、自動車走行調査のアルバイト学生が寒風に吹かれていた。早朝7時から約3時間で「けっこう通る。約

「生麦事件之跡」の碑

3000台かな。寒いです」ご苦労さん、と声を掛けていると川崎に入った。

六郷の渡し跡を確かめ万年屋跡を探す。「奈良茶漬け」で有名な旅籠で「大師様奈良茶は亀屋万年屋」という川柳まであった。奈良茶飯は茶飯に大豆、小豆、栗、くわいなどを入れたもので弥次さん喜多さんが通りかかると店の女が「おはようございやす」といったのだから、朝飯だろう。サラサラと食べたという。解説板を探しに裏道に入ったら、連れ込み旅館から茶髪娘とジーパンの長髪茶髪男が出てきた。江戸期は旅籠62軒。昔も今も若者は朝帰りで楽しむものか。

川崎といえばお大師様。寄り道といこう。目指したのが、うどん・そばの「阿ら玉屋」。1867年(慶応3年)創業の老舗。極楽うどん、地獄うどんが人気。1050円の地獄を注文した。母親譲りのわが家の地獄うどんは釜揚げ風だが、こちらは煮込みの具だくさん。「私の子供時分はハマナベのはまぐりもでっかいのが採れた」と話してくれたご主人・太田征雄（いくお）さんは2002年（平成14年）に亡くなったが、お店は健在。「地獄を食べると極楽に行けるかな」という旅人らが寄っていく。

川崎大師から戻って、京急川崎駅に来た。この辺りが宿場跡で交差点にその名をとどめる小土呂（こどろ）に着いたとき、携帯電話が鳴った。「今、どこ?」。声の主は友人の辻恭彦さん。「ダンプ辻」と呼ばれた元プロ野球捕手で現在は評論家。築地から、車を飛ばしてくるという。で、佐藤本陣跡を過ぎて八丁畷駅の手前で合流した。携帯電話時代の現代、こんな旅もあるものだ。

駅手前に立つ松尾芭蕉の句碑を過ぎ、商店街で2人はコーヒータイム。偶然入ったレストラン・わかば亭で驚かされた。主人の土屋俊太郎さん（52）は、あの万年屋の子孫の親類だったのだ。その後の調べで川崎の肉屋さん・宮代に嫁いだ所芙美子さんの母親の実家が万年屋の係累だった。

鶴見駅西口を右側に見て横断歩道を渡るとマンション建設中の看板。平均2700万円台とあった。高いか安いか考えていると、もう生麦駅だ。キリン横浜ビアビレッジが左に見えた。

❷——川崎宿

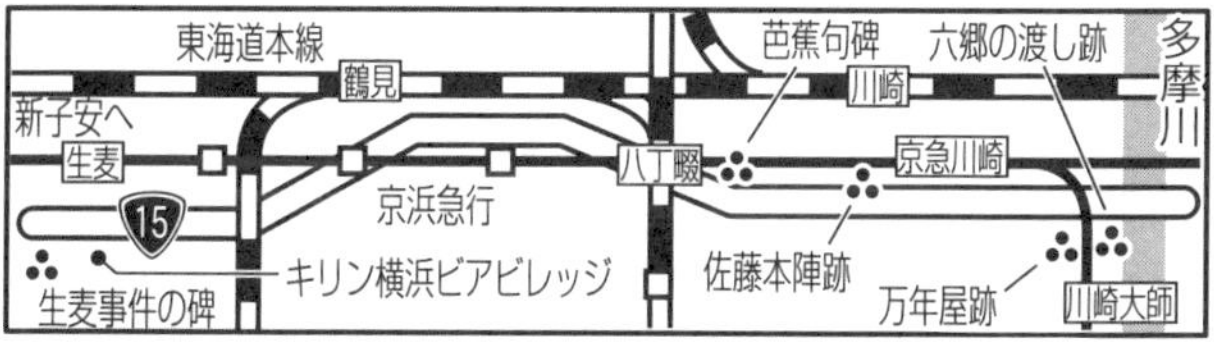

受付で聞くとコップ2杯まで試飲できる。のどを潤したい方にはお勧めである。この先、国道15号に合流する所に生麦事件の碑があった。神奈川宿は目前だ。（大島）

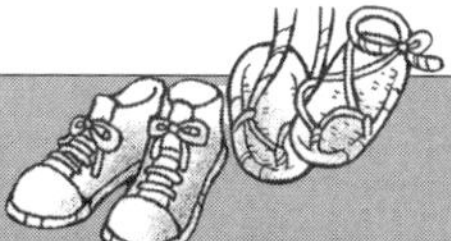

本人は何の問題もないのに、他人からは変人と見られる事はよくある。例えば手提げの旅行かばん。これに必需品を詰め込んで五十三次を歩いた。どこが変でしょうか。単に、リュックサックを選ばなかっただけだ。

両手を大きく振って歩けるのでリュックサックは便利なのかも知れない。しかし当方は違う。あの格好が嫌いなのだ。粋ではない。小学生ではあるまいし、年寄り臭いじゃないか。右手が疲れれば左手に持ち変えた。担いで歩いたこともある。荷物の出し入れも手際良くいく。

通勤でもショルダーバッグではなく手提げかばんだから慣れている。パソコンを収容するにもいい。下着の替え、本、取材ノート、カメラ、目覚まし時計、漢方薬、眼鏡入れ…上から取り出すリュックよりはるかに利便性が高い。自分の美学とスタイルを貫くのも必要ではないか。

神奈川宿《かながわ》

せんべい屋もそば屋も消えた　旧街道に吹く不景気風

神奈川宿から保土ケ谷までは4・9キロ。短い行程だから、そろりと参ろう。という訳で神奈川通東公園に着いた。京急神奈川新町駅の手前、かつての神奈川宿の土居跡だ。「沖の黒船歴史を変えて、オランダ領事は長延寺」—当時をしのぶ狂歌が表示してあるが、浄土真宗長延寺からオランダ領事館へ姿を変え、1965年(昭和40年)、国道の区画整理で公園に生まれ変わった。

イチョウの木の下でハトが遊ぶ。公園前の木造民家を老大工さんが修理中。「そんな歴史があるのかね。え！　ここが旧東海道？　ま、頑張って歩きな」押し出されるように旧道を進む。

神奈川小学校の正門横の壁が見事だった。「東海道分間延（ぶんけんのべ）絵図」の神奈川宿部分がタイルで描かれている。

仲木戸駅を過ぎて熊野神社に来た。樹齢４００年という大イチョウは一見ものだ。熊野神社の左側は横浜市神奈川地区センター。ここで一息つこう。２０００年度で年間約8万５０００人と利用者が多いのは、広場にかつて滝ノ橋のたもとにあった高札場が復元されていて、五十三次を歩く人がよく訪れるからだ。道中でも一番静かで、旧道の雰囲気が味わえる。

洲崎神社でお参りして石段を下ると宮前商店街。さあ、昼飯だ。楽しみにしていたのが穴子天そば。約１００年の歴史を持つ勇喜屋を探す。しかし、ないじゃないか。コンビニの横に座り込んでいた茶髪青年2人に恐る恐る聞いた。返答なし。再度尋ねてみたら、なんと「怒られるのかと思った」——。親切に教えてくれたが、そこは更地だった。仕方なく入ったのが昼食サービス中の割烹（かっぽう）「浜久」。80歳を過ぎたという女主人・浜田愛子さんを話の相手にうな重をパクついた。

ビル群になった「台」周辺

創業50年。「こんな不景気は初めて。国道はラーメン屋とスナックばかり。商店街はシャッターを下ろした店が多い。今の人は親の商売なんか継ぎませんよ。旧道は今、ダメ。赤字を抱えてもやめるにやめられない」。名物・亀の甲せんべいの若菜屋も消え、勇喜屋も一昨年（1999年）店をたたんだという。

滝ノ橋から第一京浜を横切って、だらだら坂に向かうと「台」だ。安藤広重が描く「台の景」には「ここは片側に茶店軒（ちゃやのき）ならべ、…浪打ぎわの景色いたってよし」とある。現在はビル、特に高層マンションが建ち並び、海の景色はその屋上にでも上がらないと見えないだろう。割烹料理店がわずかに残っている。歩数計を見たら7638歩、ちょうど4・9㌔だった。

下り坂を抜けると上台橋だ。神奈川宿のはずれに当たる。ここから一気に浅間神社へ。ところが足のマメが痛みだした。靴が合わないのと、爪が伸びていたのだ。爪はきれいに切って歩きましょう。運のいいことに靴屋がある。ジョギングシューズを買い求め、ご主人と雑談。「五十三次？　そういえば、ここで道を間違える人が多いんで、あっち、と教えてあげるんだ」。八百屋さんと乾物店の間を抜けるのが正解。この地点で急に思い出したのがシュウマイ。横浜駅西口まで戻って食べながら浅間神社を通過すると、保土ヶ谷に着いていた。（大島）

❸——神奈川宿

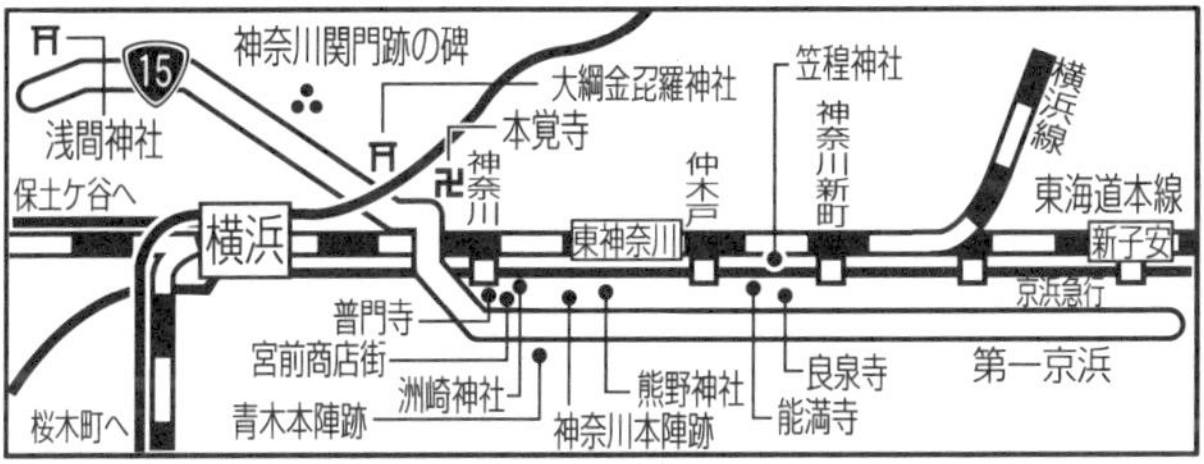

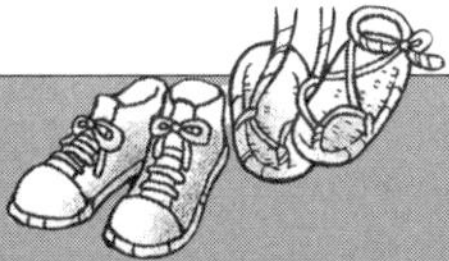

足に出来たマメが痛み始め、靴店に飛び込んだことがあった。安物のズックが足に合わなかった。ウオーキングシューズを買い求め、雑談する中で教えてもらったのが、迷い道。

所持したガイドブックを確かめても間違えやすい地点はある。たとえば、「洲崎神社下の宮前商店街には、名物うまいものとしてうどん・そば店がある」とガイド誌に明記されていたが、いざ行ってみると消えていた。

JRの駅に置かれた「駅長がおススメする！さわやかウオーキングまっぷ」は道中の頼りになった。ガイド誌と見比べると最新の地図や、見どころ情報が便利だった。江戸時代の弥次さん・喜多さんも予備知識は仕込んでいたようだ。参考にしても頼るべからず、それがガイド誌。

保土ケ谷《ほどがや》宿

意外と楽な権太坂!?　あれれ道を間違え後戻り

保土ヶ谷から戸塚までは箱根駅伝で有名な権太坂がある。テレビ中継を見ていても、箱根ほどではないにしても、かなり、きつそうだ。なんか、楽する方法はないものか。

ある、ある。品川区中延に、人力車マニアのマスターがやっている「鯱（しゃち）」という行きつけの飲み屋がある。店のウインドーに鎮座するぴかぴかの人力車。200万円もする代物で、マスターはれっきとした車屋さんでもある。あれしかない。事情を説明したら、胸をたたいてくれたものの、費用がざっと、10万円かかる。旅の門出を飾るには申し分ないが、うちの社長の渋面が頭をよぎった。やはり歩くしかない。

午前11時過ぎ、JR保土ケ谷駅に着いた。いきなり、昼食。「東海道中膝栗毛」の弥次喜多のように行き当たりばったりではなく、計算ずくなのはいうまでもない。安藤広重の五十三次の浮世絵には、橋の向こうに留め女とともに「二八そば」の行灯（あんどん）が見える。場所は違うが、西口駅前に目当ての宿場そば「桑名屋」があった。茶屋風の2階建て。保土ヶ谷、戸塚を通じ、江戸時代のにおいがする食べ物屋はこれくらいしかない。おかみさんによると、実際は創業100年ほどで、現在5代目が店を切り盛りしていた。豊富なメニューの中から手打ちそばの鴨（かも）せいろを食べ、景気をつけた。

旅人を供養した投げ込み塚

この宿場は基本的に脇目もふらずに歩くことに決めていた。うろうろ寄り道すると、権太坂がしんどい。30分で坂の入り口にさしかかる。箱根駅伝の通称「花の2区」。早大時代4年連続ここを走った瀬古利彦（エスビー食品監督）流にいうと「いかに力を使わないで上りきるかがポイント」になるだろう。余力を残しておかないと、後々にさしつかえる。初日で歩くのがいやになったら、それこそ出社拒否症候群にもなりかねない。

　頭のなかで色々考えてきたかいがあった。意外と楽な坂だ。99年の12月、東京に単身赴任してきて以来、ＪＲ品川駅のホームから会社まで22～23分、専用バスに乗らず、雨の日も風の日も歩いて通った。社内でもできるだけ階段を使う。健康貯金が生きた。約１・５キロの坂などものともしない。ウオーキング万歳だ。目の前が明るくなる。

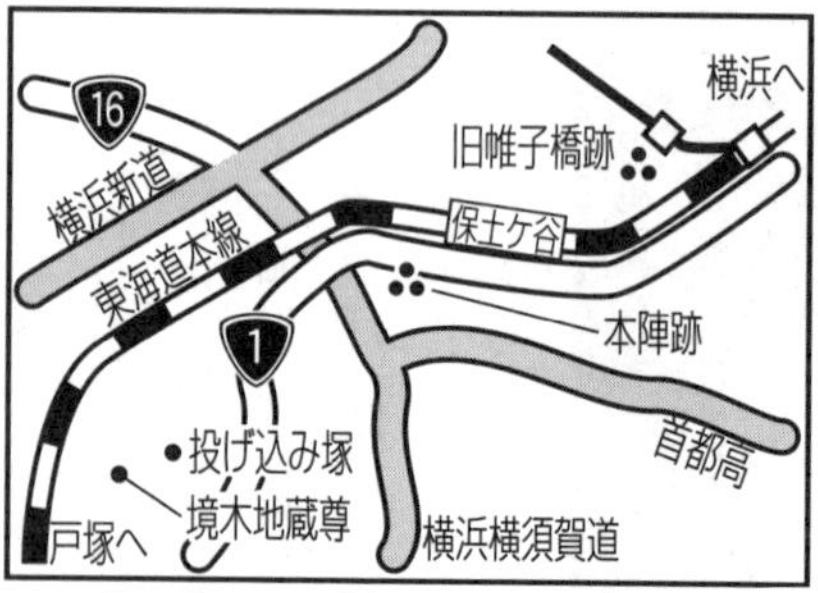

　自己満足したのもつかの間、坂の上でガイドブックと資料を見ると、どうも景色が違う。そんな、馬鹿な。バスを待っていた地元の人に聞くと、旧街道は坂の途中から右に折れなければならなかった。やむを得ない。戻ろう。
　また、上る。きつくなってきた。商店が見えてきた。道端に投げ込み塚の碑。１９６１年（昭和36年）、建設会社が宅地開発中に見つけた菰（こも）に15杯分の人骨。この難所で行き倒れになった旅人たちだ。いきなり道を間違えたわが身を当時に置くと、身震いがする。
　おまけに、桑名屋で食前酒に飲んだ梅酒がこの期におよんで、効いてきた。すぐ近くの坂の最高地点、昔でいう武蔵と相模の国境にある境木（さかいぎ）地蔵尊の石段に座り込む。精神的に追い込まれたのか、この場所で小一時間動けなくなった。歩いた距離はまだ4キロにすぎない。（浜田）

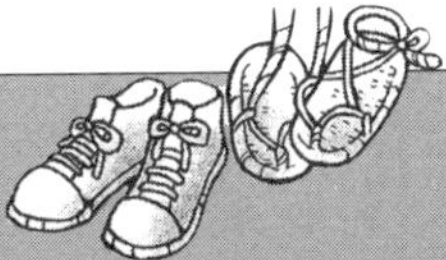

やけっぱちで歩き始めた東海道だった。一応、ウオーキングの格好はしていたが、最初は運動靴だった。革靴よりはるかに楽で、これでいいのだ、と考えていたが、甘かった。2、3日すると左足の土踏まずがズキン、ズキン痛み始めた。バス停のベンチに腰掛け、靴下を脱いでマッサージをして、筋肉痛に効くアンメルツを塗り、その上にサロンパスを張って急場をしのいだ。

東京へ帰って、さっそくスニーカーを買った。韓国製でそんなに高いものではなかったが、店員がイライラするほど吟味して、自分の足（やや扁平足）に合ったものを選んだ。以後、足のトラブルは一度もない。最近、ちょっと高額なスニーカーを手に入れたが、東海道を歩いたスニーカーにはかなわない。よっぽど足になじんだのか、いまでも勝負靴になっている。ウオーキングで一番大事なのは靴選びだと思う。

旅館なし…反則？　東海道線に乗って小田原へ

へまをして、身につくこともある。わずか4キロちょっとのウオーキングで大事なことに気がついた。歩いている最中はどんな種類のアルコールも口にしてはいけない。もうひとつは道を間違えたからといって、あっさりと引き返さない。旧東海道は原型のまま残っていることはまずない。基本的に国道を行けば、次の宿場にたどりつく。よっぽど立ち寄りたい名所旧跡でもないかぎり、ずんずん歩くにかぎる。これが、やけっぱち道中というものだ。

—今日は倒れた　旅人たちも　生まれ変わって　歩きだすよ

うろおぼえの歌を口ずさんで、重い腰をあげた。

戸塚は日本橋から10里（約40キロ）。江戸を早朝にたった旅人はたいがい、この宿（しゅく）で第一夜を迎えたという。こちらもそれ

「かまくら道」を示す道標

にならい、数日前に神奈川観光協会に電話したが、担当者は「なんにもなくてすみません」とあやまるばかりだ。往時がしのばれる旅館はまったく存在しなかった。だけど、ビジネスホテルに泊まるのは芸がない。いい考えがあった。

境木（さかいぎ）地蔵尊からすぐ、昼でも薄暗い切り通しにさしかかり、下り坂となる。品濃（しなの）一里塚を越えて、JR戸塚駅方面に向かう。このへんは旧東海道の道幅のまま残っている。護良（もりなが）親王の首洗い井戸や広重の浮世絵に描かれている「左りかまくら道」の道標が保存されている妙秀寺など見所もある。

戸塚駅前には午後3時半に着いた。藤沢まで8キロ弱。冬の日没は早いが、何とかなる。先を急ごう。本陣跡、上方見附跡を過ぎると、予期せぬ坂が待ち受けていた。川柳に「佐野の馬戸塚の坂で二度ころび」と詠まれた通称、大坂。栄養不良の馬が息切れしたほどの坂で、エネルギーを消耗しているせいか、権太坂よりこたえた。

　上りきると、国道に合流。旧道は左側の歩道で、戸塚市街を見下ろすことができる。なかなかの眺望だ。歌舞伎の「仮名手本忠臣蔵」で有名な「お軽勘平戸塚山中道行きの場」の碑はそんな一角にあった。2、3枚写真を撮って、あとはひたすら、藤沢をめざした。駅。午後6時。歩数計は2万5500歩余り。1歩70センチで設定しているので、18キロ弱歩いた計算になる。上出来。自分をほめてやりたい。

　ここからJR東海道線に乗って、約32キロ先の小田原に向かう。18キロ歩いて32キロ電車に乗る。ずるいようで全然、ずるくない、いい考えとはこのことである。小田原は箱根越えを担当する玉木編集委員の縄張りではあるけれど、戸塚に泊まるところがなかったので、すでに仁義は切っておいた。駅前の商店街にある木造2階建ての「長栄館」は戦前から営業していて、素泊まり5000円。旅籠の雰囲気が味わえる。

「この商店街では木造建築はもう認可されないのよ。何年か後には取り壊すことになるでしょうね」と女主人はさびしそうにいった。風呂は夜か、朝のどちらかというのは、不自由だが、仕方ない。長い間、朝シャンの習慣がついているので、後者にしてもらう。

❺——戸塚宿

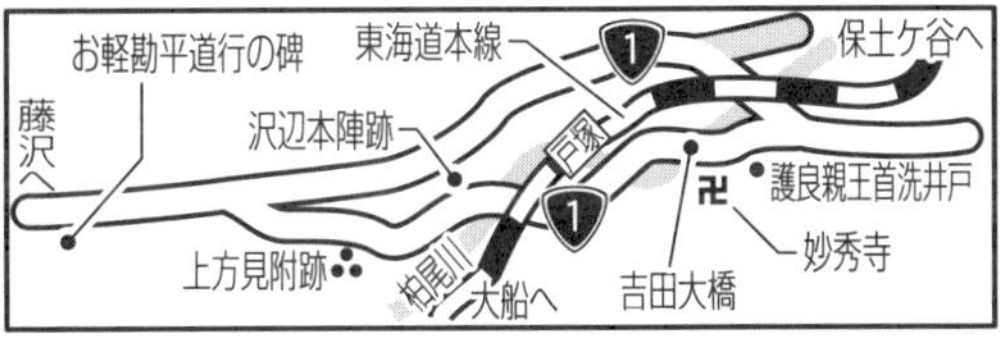

その夜、知り合いのグルメに教えてもらった「国の祝」という割烹で、旅の疲れが吹っ飛ぶ感激を味わったのだった。（浜田）

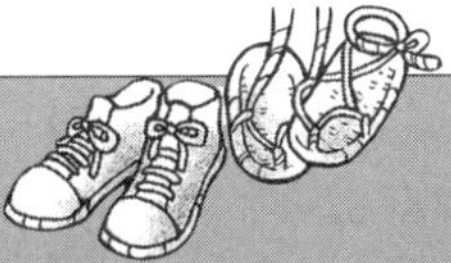

知人のゴルフ仲間が腰のヘルニアになった。痛くてクラブも振れない。そこで週5回、早朝に1時間のウオーキングを始めたら、1か月で7キロもやせて、ヘルニアがなおったという。またゴルフができるようになり、喜んでいるそうだ。

ウオーキングが体にいいのは聞いていたが、私も身をもって体験した。40代の後半から五十肩に悩まされてきた。ひどいときは寝返りをうった際の激痛で、目が覚めたことがあったほどだ。医者には「日にち薬だから、できるだけ腕を振るように」といわれた。効果は期待していなかったが、東海道では腕を振って歩いた。坂道を上るときなどは陸上の競歩のまねをして腕を振った。なかばやけっぱちでやっていたら、ある日、突然なおった。腕を振ってウオーキングが五十肩に効果があったのは間違いない。

六

藤沢《ふじさわ》宿

ガッカリ…汚い川、勝てないパチンコ、見えない富士山

イグサのにおいがする真新しい畳。小田原の駅前旅館でぐっすり眠った。翌日、午前6時30分に起きて、朝風呂にはいる。気分爽快。JR東海道線に乗って、藤沢に戻る。

そうだ。感激した話を忘れていた。前夜、割烹「国の祝」で味わった小田原の海の幸。子持ちのホタテ貝。さざえのつぼ焼き。竹麦魚（ほうぼう）の生け作り。極め付きが生のアカザエビ。通称、手長エビといい、見た目は伊勢エビの子供みたいで、ブルーのはらわたが珍しい。シャキシャキした身が殻からきれいに取れる。そのままかぶりついてもいける。ほどよい歯ごたえ、甘さ。はらわたが日本酒に合う。ぬる燗（かん）が進んだ。もちろ

「左富士」が望める鳥井戸橋

ん、頭と尾はみそ汁にしてもらった。店の大将によると「取れるときと取れないときがあり、取れても1日、せいぜい20匹ぐらい」のぜいたくなエビで、その夜、3匹が一見（いらげん）の客の舌を楽しませてくれた。感激せずにいらりょうか。

藤沢は寄りたい所がいっぱいあった。早起きしたのはそのためだ。まず、遊行寺（ゆぎょうじ）。広重の浮世絵にある江ノ島弁天の一の鳥居の向こうに見えるお寺だ。ここの大イチョウにはド肝を抜かれた。1957年（昭和32年）8月の台風で幹の途中から先が折れたものの、高さ31メートル、幹回り6・83メートル、樹齢660年余の巨樹の黄葉が、間断なく散りゆく様は荘厳だった。なにかのパーティーで大相撲の曙と握手をしたとき、お城のような大きさを感じたが、この大イチョウはまるで小山だった。正面から、横から、後ろから。この木はどこから見てもあきない。

遊行寺橋から平塚方面に向かう。この街道は楽しい。往時をしのばせる看板や店構えがあちこちにある。ひょっとしたら本陣も残っているのではないかという錯覚にとらわれたが、さすがにそれはない。跡地の標識だけが残っていた。しばらく行くと街道の裏手に永勝寺。境内の入り口に藤沢の宿場で働いた40人近い飯盛り女の墓が並んでいる。触れると崩れそうで、哀れを誘う。引地川を渡り、江戸時代の松並木が残る国道1号を行く。昼食は、ねぎラーメン。JR茅ケ崎駅の北を過ぎ、目指すは鳥井戸橋の「南湖の左富士」。日本橋から京への道すがら、左側に富士山が見えるのはこの地以外には吉原宿しかない。午後1時過ぎ、現場に到着。橋のかかった川が都心のどぶ川よりひどく、悪臭がして幻滅する。左富士の標柱の後方に見えるはずの富士山は快晴にもかかわらず、ふもとの稜線がかすかに見える程度だ。橋はひっきりなしに車が行き交う。ここからは時間との戦い。まだ、平塚宿を残している。

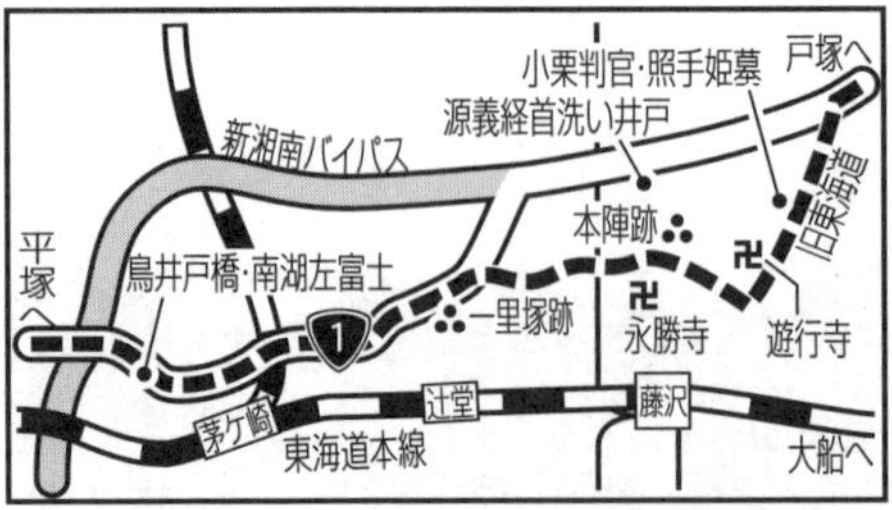

橋のたもとにパチンコ屋があった。そこに飛び込み、ロッカーにリュックを入れ、ちょっとだけ勝負する。10分置きぐらいに外へ出ては富士を見に行ったが、だめだった。3時過ぎにあきらめた。気

もそぞろのパチンコで勝てるわけがない。1度も当たらず、1万5000円の負け。これは取材経費で落とすわけにはいかないだろう。失意のまま馬入川を渡り、早朝から2万3400歩弱、約16・3キロ歩いた計算でJR平塚駅にたどりついた。(浜田)

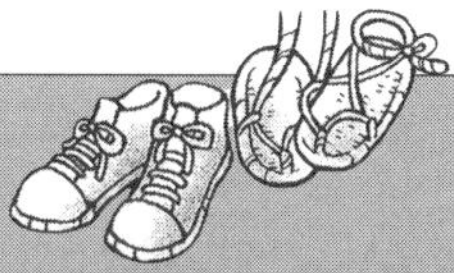

なぜウオーキングがはやるのか。たいがいの人は健康のためだと答える。春秋1回(1回1泊2日)のペースで4年も5年もかけて東海道を歩く会に、飛び入りで参加したことがある。一緒に歩いた大阪の85歳の男性は、関節炎で長い間苦しみ、いまでは歩くことに生きがいを見いだしていた。聞けば、みんなの足手まといにならないよう、月に1回は比叡山に登り、鍛練を積んできたという。こういう人たちは、途中、名所旧跡があろうが、おかまいなしにひたすら歩く。30キロなら、30キロわき目もふらず歩く。あまりおしゃべりもしない。あれにはついていけなかった。

私はどちらかと言えば、春夏秋冬、日本の四季を楽しんで歩きたい。しかもできるだけ道草をするウオーキングが好きだ。そのためには団体ではなく、融通がきく少人数で歩くのをお勧めする。

平塚《ひらつか》宿

お菊、鏡山お初、虎御前…気になる女に会いに行く

「南湖の左富士」が見えなかったせいで、スケジュールが大幅に狂った。平塚から大磯まではわずか2・9キロしかないが、日没まで1時間もない。

平塚は気になる女たちの眠る宿場だ。まずお菊。怪談「番町皿屋敷」の主人公の墓標は、JR駅北口の商店街に隣接する小さな公園の一角にあった。江戸の旗本屋敷に奉公し、家宝の皿を紛失したかどで手討ちになった哀れな女。東映の北条きく子が演じたお菊が印象に残っている。手を合わせて街道を西へ進む。

2人目の女に会いに行かなくちゃ。鏡山お初。歌舞伎「加賀見山旧錦絵（かがみやまこきょうのにしきえ）」のヒロインのモデルで、女主人の仇（かたき）を討つ、お菊とは対照

的な烈女だ。平塚駅から1キロちょっと歩いて路地を入った所に「お初の墓」があるはずなのに、薄暗くて見つからない。怖いのでやめた。

最後の女は虎御前（とらごぜん）。17歳で高麗山（こまやま）のふもとにある化粧坂（けわいざか）で舞を披露し、源頼朝に寵愛（ちょうあい）された遊女。彼女が朝な夕なに化粧したという化粧井戸も暗くて、所在がつかめない。すべてをあきらめ、JR大磯駅から東海道本線に乗って東京へ帰った。

「鏡山お初」の墓

それから1週間。上天気の日を選び、また、どぶ川に出かけた。茅ケ崎駅からタクシーに乗る。

「ここから見る富士が一番きれいなんです。これからですよ、よく見えるのは」と気の良さそうな運転手さん。ワンメーターで鳥井戸橋についたが、期待は裏切られた。この日はふもとの稜線すら見えないではないか。なんともつれない「南湖の左富士」だった。

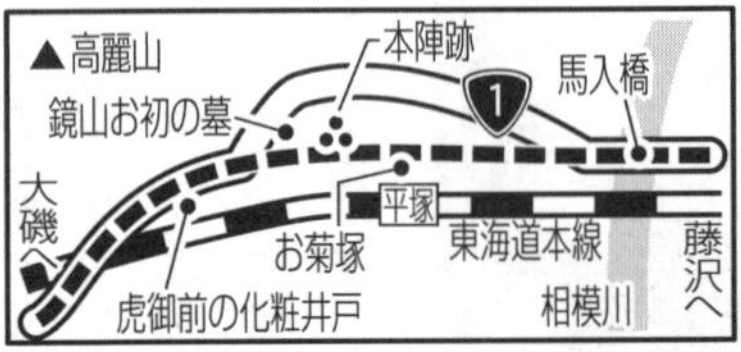

ばかばかしいが、平塚をまた歩いた。昨年11月末にも「東海道五十三次ウォーク」という団体に交じり、小田原―茅ケ崎間を歩いている。1か月そこそこの間にこの街道を3度歩いたことになる。笑わば笑え。「お初の墓」はすぐわかった。近くのお寺の境内にたむろし、たばこを吸っていた3人組の高校生が墓まで案内してくれた。写真撮影。化粧井戸にも連れて行ってもらう。昼過ぎだったので、化粧坂のラーメン屋にいっしょに入った。おじさんはちょっと値が張る850円のあさりラーメン、3人組は400円の学割ラーメン。道案内のお礼にごちそうしてやった。

断っておくが「たばこはなあ」なんて、説教はしない。高校時代は、みんな、いきがって生きているものだ。たばこぐらい、どうってことはない。綿パンにダウンのブルゾン。ASローマの帽子にスニーカー。いい年をしたオヤジがなにをしているのか説明すると、利発そうなひとりが何と、「ヒマな会社ですね」とほざきやがった。ほっといてくれ。

終わった。保土ヶ谷から戸塚、藤沢、平塚の4宿、33キロ。歩数計のトータルは6万4900歩余りで、ざっと45・4キロ歩いた計算になる。ひと仕事終えた満足感にひたって、大磯の海岸に寄った。冬だというのに100

人以上の若者がウインドサーフィンに興じている。気持ちが若返ったのか、寒風が気にならなかった。（浜田）

⑦——平塚宿

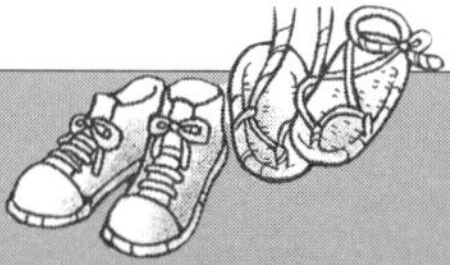

大病を患わなくても、肉体的にガタがくる50代は1日いったいどれだけ歩けるものなのか。江戸時代、日本橋から京方面へ向かう旅人たちの最初の宿は約40キロ先の戸塚というのが相場だったようだ。道が悪く、ロクな食べ物がない時代に本当にこれだけ歩けたのか。時速約4キロで歩いて休憩なしで10時間。玉木記者のように山登りが趣味で、日頃から体を鍛えている人は例外で、私のようにぐうたらな生活を送ってきた人間にははっきりいって無理である。

産業医からも過度なウオーキングは止められている。私の経験では前の日、夜更かしせず、体調が万全なら、朝9時から午後5時まで、昼食、休憩などを1時間見て、30キロぐらいが妥当ではないかと思う。歩いた日の夜、食欲があり、お酒がうまく飲めるか、がひとつの目安になる。女性やお年寄りは1日20キロぐらいが限度ではないだろうか。

大磯《おおいそ》宿

ランニングシューズって歩きに向かないの？

きょうも元気だ。バシバシ歩く。

出発。大磯駅から西へいくと、有名な松並木が始まる。時代劇のスターみたいな松だが、1キロほどだけ。あとは、国道1号線のわきをひたすら、いくしかない。

車の走行音とともに、潮風がする。左手へ寄り道する。海岸だ。どうでもいいけど、日本の海水浴は、この浜から始まったそうだ。やっぱり、どーでもいいか。また、歩き出す。

この連載が始まったときは、うれしかった。歩くのは好きだ。気持ちいいもん。東海道五十三次、そうか、よーし、歩こうじゃないの。おもしろそうだ。

❽——大磯宿

真冬も海ではサーフィン

試運転で、40キロ歩いた。私が履いたのは、ランニングシューズだった。「軽いし、履き慣れているし、これが一番」とまったく心配しなかった。

ところが、25キロほどいくと、足裏が熱くなってきた。ふだん、走っているときは、感じたことがない異常な熱だ。歩いては止まり、冷ましては歩いた。

「長時間、歩くんだったら、ウオーキングシューズですよ」と通がいう。「えっ、知らないの？　アメリカ自然医学の権威、アンドルー・ワイル博士が『歩くときの靴は、中底が衝撃を吸収するしっかりしたランニングシューズ』といってるよ」と反撃すると「そういったって、熱くて歩けないでしょ」と笑われた。

ワイル博士はダメか。

仕方なく、よく、通っている登山用具の店にいった。こちらの注文は①1日40〜50キロ歩く②山道でなく、路面はアスファルトの2点。

「だったら、かかとは厚いほうがいい。底面は平らじゃないほうがいいな」と店の飯尾くんは慎重にいった。

そのシューズで、二宮を越えた。1万7800円。サルティス（アシックス社製）というシューズは、すばらしく快適だ。

飯尾くんはいっていた。「履き方に、基本があるんです。まず、かかとを立ててひもを結びます。甲に軽い圧迫感があるくらいの締め方です。まあ、好みはありますけど」やってますよ、その通りに。

足の負担からすると、走るのはウオーキングの3倍という。だから、ジョギングシューズは衝撃吸収性を重く見る。一方、ウオーキングシューズは、かかとのクッション性と足指のゆとりを大事にしている。

すっかり気に入ったのに、五十三次完歩をめざす人は、ランニングシューズを愛する例も多かった。

すこぶる達者に歩いている古老は「いろいろ試したけど、私はこれ。ディスカウントストアで、3900円」とランニングシューズを指さしていった。高けりゃいい、っていうもんではなさそう。

そうそう。私の足裏が熱くなったのは、あれは何だったの？

「うん。たぶん、サイズが合ってなかったんだね」と古老は笑った。ワイル博士、いっときと

❽——大磯宿

はいえ、疑ってすいませんでした。

酒匂川を渡れば、小田原のにおいがする。もうじき、鉄筋コンクリート製の小田原城が現れるだろう。大磯—小田原15・6キロ、3時間15分、2万500歩。（玉木）

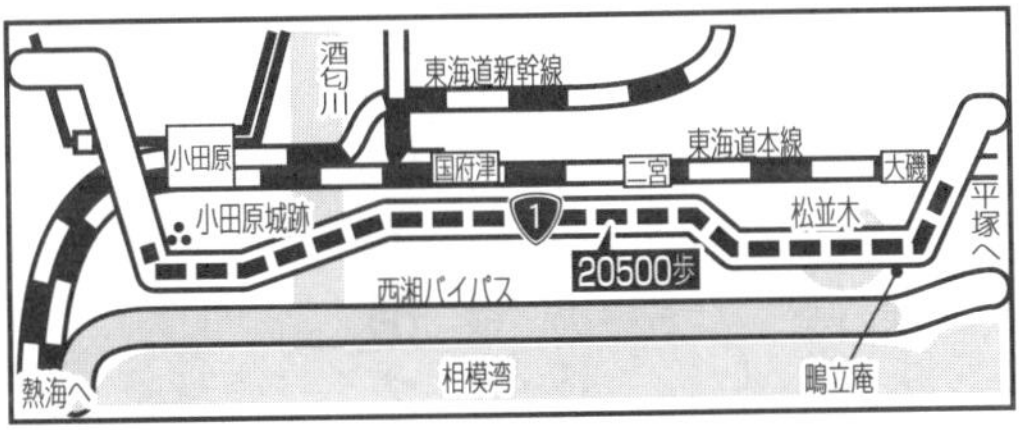

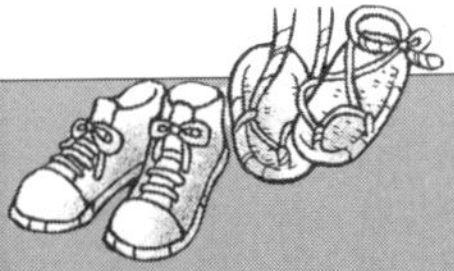

何日か続けて、長距離を歩くと、4、5日目あたりから足まわりの筋肉に張りが出てくる。人によって炎症を起こす部位は異なるのだが、一般的に言って足首、足の甲、ふくらはぎ、ひざの痛みが多い。痛くなりだすと、翌日はその個所がさらに痛い。このあたりで「もうダメだ」と長距離歩きを中断してしまう人がいる。ところがこれは、故障したのではない。筋肉がついてくるときに起こる特有の炎症なのである。

ベテランになると、「そろそろ痛くなるだろう」と予測できるようになる。このようなときは、1日に歩く距離を短くするのも手だが、たいていは、そのまま押し通してしまう。いったん、長歩きの筋肉ができてしまえば、以後はいくら歩いても、痛くなるようなことはまず、なくなるものだ。

小田原《おだわら》宿

足柄古道で発見「金太郎の末裔は佐藤さん…」

箱根の山を越す東海道のルートは、3つある。最も有名なのは、箱根駅伝で有名な国道1号である。そのすぐ北を行くのが、江戸時代の旧東海道。ウオーカーは、この道を選ぶだろう。しかし、もうひとつ、もっと古い官道がある。

奈良・平安時代の東海道といえば、足柄古道である。この連載は「歩いてみよう」がテーマである。ならば「東海道の歩き比べをしてみたい」と遊び心が騒ぎだした。まず、足柄古道だ。

スタートは、小田原から20分ばかり、かわいい電車にゆられて着いた大雄山。ここから、足柄峠へいく。古代、箱根は険しくて越えられなかった。やむなく北へ北へ、外輪山をまわりこ

んで、最も低い足柄峠までいった。

しずかな道だ。1時間歩いて着いた矢倉沢は、みかんの季節がすぎている。「ほんと？　ここがそんなに有名な東海道なの？」とすれ違った農家の女性たちが顔を見合わせている。やさしい笑顔である。

かつて関所があった足柄峠

ふだん、私はウオーキングのとき、ぽんぽん歩く。1分間に、およそ125歩のリズムでいく。「健康にいいペースは、約70〜100歩」と教科書はいうが、性分だから仕方ない。

ところが、この道に来たら変わった。土曜日なのに、行けどもウオーカーはいない。外輪山のすばらしい稜線を見て歩くうちに、いつしか、やさしい気持ちになった。晴れ晴れした気分で、歩くテンポはみるみる落ちた。「頑張るのはやめて。ゆっくり、ゆっくり」と足柄古道がいっている。

茶畑が青々している。平安時代の東海道は、沼津―黄瀬川沿い―足柄峠―大雄山―国府津だったらしい。ふと、道ばたの立て札を読む。「金太郎伝説のふるさと」だって。「四万（しま）長者というお金持ちの娘が、金太郎を生んだ。四万長者は、現在の佐藤家」と書いてある。

はあ？　金太郎って物語じゃなかったの？　あたりの、ひっそりした家々をのぞく。

目星をつけて、近くの家で声を掛けた。すると「はい、私が佐藤です」と大きな構えの中から、中年紳士があらわれた。

「同じ佐藤ですが、金太郎伝説の佐藤さんはこのお隣の家でした」という。いきなり飛び込んできた私に向かって、佐藤さんは話し出した。かいつまんでいえば、この地の金太郎伝説は、転居した佐藤家にまつわる言い伝えで、夕日の滝は確かにあるし、遊び道具に使ったという大石2基は佐藤家のそばにあるという。

　さて、足柄古道は金太郎伝説のこの道なのだろうか。「昔のことでしっかりした記録はありません。でも、私はこの地がその古道だと思っています」佐藤さんはそういった。ちらりと金時山が見えた。また、歩く。大雄山から4時間で足柄峠。そこから御殿場線の足柄駅まで、2時間半。歩数計は、約3万6500。

ここはいつしか、呼吸がゆるやかになる道であった。古きよき日本があった。

世の中がイヤになったら、足柄古道を歩こう。(玉木)

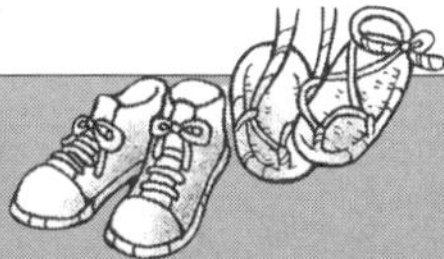

「ウオーキングを始めたいが、どんな用意をしたらいいか」と聞かれる。いつも「なんにも必要ない。いまの姿のまま、歩きたいときに歩けばいいんです」といっている。相手は拍子抜けのような顔をするのだが、最も大切なことは「歩きたい」と思う気持ちそのものだからだ。

買い物のまま、あるいは通勤の格好で歩きだせばいい。おもしろければもっと歩いたらいい。そのうち、手に荷物を持っていては歩きにくいと分かるだろう。手ぶらになるには、ザックがいる。サンダルや通勤靴では歩きにくい。そうしたら、長く歩ける靴を探したらいいのである。「もっとリラックスした服装がいい」となれば、どんな下着やズボンが楽か、考えるようになる。何よりもウオーキングをたのしむこと。困ることがあったら、その次に移ればいいのである。

箱根《はこね》宿

歩道がない、車がバンバン怖い怖い山越え

小田原城から、箱根の山を越え、三島まで歩いた。東海道完歩者の多くが「一番、きつかったのは、ここ」という箱根越えである。

小田原のお城から、1時間で湯本の手前、三枚橋をわたった。これから、登りにかかる。

ぷーん。道のわきから、温泉のにおいがする。ぼんやりしてはいられない。旧東海道といっても、車がバンバン通る。

冬らしい、きっぱりした朝。お城を出たとき、上は3枚着ていた。45分後、ジャンパーを、背のザックにしまった。それから15分して、今度は長そで上着を脱いだ。もう、Tシャツだけ、夏姿だ。

有名温泉地だが、道はずっと日陰である。着膨らんだ観光客が私を

見て「うわっ、サブそう」と目を大きくしている。はずかしい。

このTシャツは、吸湿速乾のウィックドライ繊維である。最近は、アウトドア好きの必携品になった。シャツといえば昔は綿製品に決まっていたが、吸湿速乾のTシャツが全盛になった。人気は「綿より4、5倍も汗を吸い4、5倍速く、乾かす」という機能性である。

さて、女転（ころば）しの坂にきた。あんまり急坂なので、馬から落ちて死んでしまった故事だそうだ。ここを通るころは、ザックの背まで、汗。

巨木の下を行く箱根の道

昔のような、汗でシャツが肌にひっつく感覚はなくなった。しかし、箱根ウォーキングは、体の末端が冷える。とくに、指先はさむくて痛くなる。

こんなこともあろうか、と手袋を入れてきたのはうれしかった。真冬にTシャツで手袋。通り過ぎる車の窓から「あの人、バカみたい」という白い視線がつき刺さる。

とはいえ、みんなの目よりつらいのは、車の怖さである。道の左側は、後方から疾走していく車が気になってたまらない。むしろ、車が正面から来る右側を、緊張感をもっていくしかない。

旧東海道といったって、歩道があるのは観光地近くの石畳ぐらい。あとは、ずっと車道のわきをいくからおそろしい。日本アルプス級のきびしい登りが続く。一里塚から、まさしく山になった。はあはあ、ぜいぜい。車の弾丸をかわしながら登る。

時折、石畳がある。芦ノ湖へ下る30分間は、昔ながらの石の道だ。ゆっくり歩けば、たのしい。でも、そんなペースでは、日暮れまでに三島へつけない。急ぐとなると、石畳はつらい。傾斜がまちまちで、スピードが出せないからだ。

芦ノ湖は、横目で見た。箱根峠（標高846メートル）の先から、箱根西坂。ようやく車の連続攻撃が消えた。ここから下りになって、長そでを着直す。ジャンパーも恋しくなってきた。

東海道は、小田原側がひどい。歩道がない。一方、三島側は、こわめし坂まで整備されていた。最後は、走った。それでも三島大社で、とっぷり暮れた。小田原—三島間は、新幹線でいけば18分。歩くとなると、8時間半。

旧東海道は、旧旧東海道である足柄古道（最高高度759メートル）に比べて10倍きつく、車のせいで100倍こわかった。

歩数計は、5万1000歩。三島神社のお参りは、もう、する気にならない。（玉木）

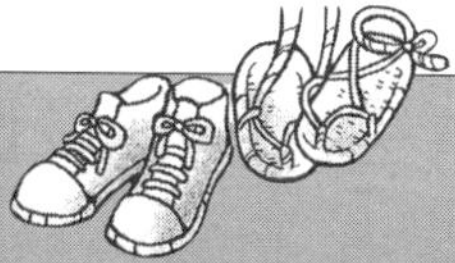

足にマメができやすい体質の人がいる。マメができやすい部位は、人によってほぼ決まっている。だから、前もってオイルを塗るとか、テープを張っておくといい。手っ取り早い対処法は「ディクトン・スポーツ」という皮膚保護クリームがある。

もっとシンプルな防御は、足を乾かすことである。マメはそもそも靴の中が蒸れて、皮膚が軟らかくなるからできる。足は、意外なほど汗をかきやすい。だから、吸湿性のよい靴下を履く。最近の靴は、中敷きを交換できるものが多いから、中敷きのスペアを持っていって、蒸れたら途中で換える。また、休憩のときは靴を脱ぎ、裸足になって乾かすことも有効だ。足を蒸らさないよう、マメに面倒をみることがマメの防止につながる。

富士の湧き水で育ったうなぎは浜名湖と互角だ

この2年間、富士山の樹海歩きにハマっている。5週続けて、出かけたことがある。人っ子ひとりいないところを、水を持って歩く。途中に、沢や清水がないからだ。

富士山に降った雨が、三島の湧き水になっていたとは、知らなかった。雨は数か月〜数十年かけて、この町のあちこちに出ている。

さあ、きょうもいくぞ。ウオーキングの話を聞いたり、本を読んだりしていると、よく〝ローリング感覚〟という言葉がでてくる。ひょんなことで出会った千葉県の公認指導員、雅子コーチは、並んで歩きながらその話を始めた。

「歩くってまず、かかとから足をつけるのね」「そうして、つま先

でけって勢いをつけるの」―ふんふん。「足の軌跡が、円運動してるみたいでしょ。だから、ローリング感覚なの」。

　そうやって、三島を歩き出した。それにしても、水の町である。市内のあちこちに、透き通った水がある。「新幹線がとまる人口10万人以上の町で、清流があるのは、日本で三島だけ」と地元っ子が自慢するのがこれだ。

東洋一の湧き水「柿田川湧水」

　さて、ローリング感覚である。「胸を張って歩いていくと、自然におしりが締まった姿勢になるのよ。これなら、スピードを上げやすいでしょ」と女性コーチ。「だから、ウオーキングでおしりが第2の推進力、エンジンなのね」という。

　ローリング感覚を、なべ底で説明する人がいる。足裏をなべに見立て、手前から先へ粘りつけ、転がしていく歩き方という。「手は前脚のつもりで、リズミカルに振る」そうだ。胸を広げ、おしりは、ちょっと突き出すようにすると、スピードに乗れる。

昼どき。行列の店があった。東京で行列といえば、マスコミで話題になったラーメン店が相場だが、この三島では、うなぎ屋だった。その数、32人。店の外まで、ハミ出している。昼からうなぎ？　ぜいたくな町だ。

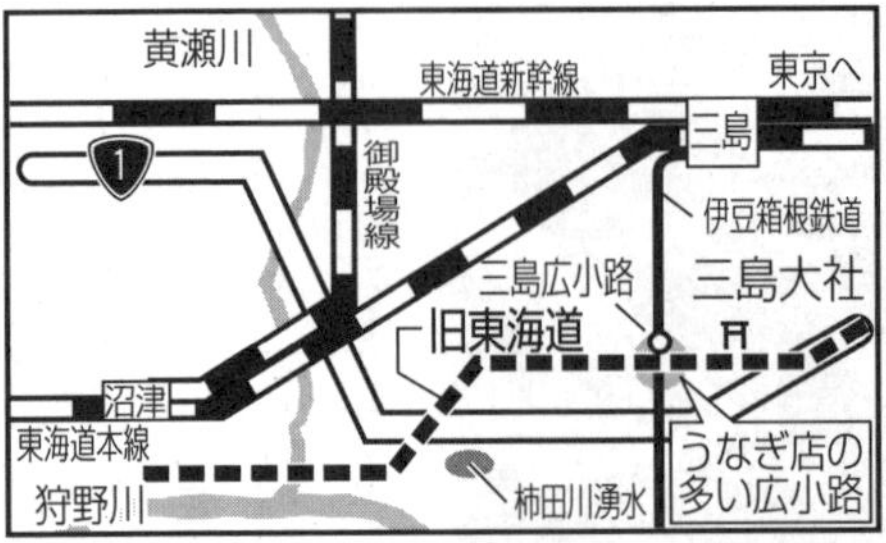

あとで聞くと、この町には専門店が25店ある。「うなぎといえば、浜松」と思っていたが、あちらは27店。いい勝負らしい。行列の店は、桜家といって江戸時代創業の老舗である。

「三島にきれいな水があるから、うなぎの身が締まるんです。うちでは最低、7～8日は井戸水でさらしてます。うなぎはカルキがダメ。この正月だって、業者が栓を間違えちゃって2日、水道水に当てただけで、80キロのうなぎがパー。それほど、水に感じやすいんです」と主人の声がする。

豪儀な気分になった。運ばれてきたのは、どーんと重量級。うなぎの下にごはん、その下に、もう1段うなぎが敷いてある。3900円。高価かどうかは、食べてからである。

やっつける。うなぎを横ざき、タレのついた白飯とぐちゃぐちゃにする。2段のうなぎを切り崩して、さらに崩して、むしゃむしゃいく。休まず、いく。清らかな香味と、獰猛（どうもう）な肉のうまみが、あとまで残った。まさに一級品だ。

歩道がきっちり広い沼津市内へ、悠然と入っていく。歩き方はいつしか、うなぎローリング感覚である。（玉木）

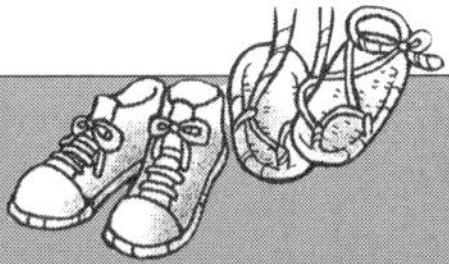

朝風呂は、やめた方がいい。歩いた後のお風呂は、リラックスし、気分のいいものである。シャワーも気持ちいいのだが、できればゆっくり湯に入って、足の筋肉などをもみほぐすと、1日の疲れが飛んでいく気になる。温泉ならば、なおさらだ。湯から上がった後、ツボを指圧したり、筋肉の消炎剤を張ったりすると、効果があがる。湯の効用はたしかに、すばらしい。

しかし、出発前に湯につかると、歩き出してから体が重く感じて、長時間の歩行がしにくくなる。もっと歩こうとしても、息は苦しくなるし、疲労感は予想外に増すし、懲りたことがあった。また、朝ではなくとも、旅の途中で温泉に出合っても、立ち寄らない方がいいだろう。以後のがんばりがきかなくなるからだ。芭蕉も長旅の途中で、温泉には入らなかった。

沼津《ぬまづ》宿

100円で心洗われる「我入道の渡し」

かつて物流の宿としてにぎわった沼津だが、その面影はほとんどない。JR沼津駅南口から商店街を歩くと旧東海道筋、さらに直進して永代橋あたりが、本陣、脇本陣跡なのだが、今は美容室やタクシー会社になっていた。

沼津市商工観光課を訪ねて聞くと、沼津市を南北に流れ、駿河湾に注ぐ狩野川の洪水や逆流の被害で昔の宿の様相はほとんど変わってしまった、とか。そこで勧められたのが、旧街道から海寄りにある「潮の音プロムナード」だった。沼津御用邸記念公園から千本松原までの約6キロの散策ロード。しかも1997年（平成9年）4月に30年ぶりに復活した渡し船があるという。

料金100円の「我入道の渡し」

排出ガスの旧街道をただ歩くだけなら、海辺のそぞろ歩きの方がよっぽど健康的だ。タイトルにも「新東海道」とあるではないか、と勝手に決め込んだ。御用邸から志下、我入道海岸を左に見て、約1時間ほどの所にお目当ての「我入道の渡し」があった。

渡し船はあったが、船頭さんがいない。少し離れた所でたき火を囲んで談笑していた5、6人に「船は出ていないんですか」と聞くと「おお、乗るんかい」とおふたりさん。すでに漁師を引退している秋山勝次さん（68）と川口安次さん（61）が船頭のハッピ姿になって船を出してくれた。

狩野川を我入道東町から沼津港までの約200メートル。5月のゴールデンウイークには1日に500人から600人の観光客が訪れるそうだ。だが冬場の今は和船の14人乗りに船頭2人と客1人、櫓（ろ）を漕ぐ音に耳をすまし、見上げれば富士山が目の前。約8分とつかの間でも、日ごろ、けん騒の中で生きている者にとってはたった１００円で心が洗われる船旅になった。

渡し船といえば「矢切の渡し」だ。江戸川をはさんで千葉・松戸市矢切と東京・葛飾区柴又を結ぶ都内に残る唯一の渡し場。こちらは３８０年の歴史がある。「我入道の渡し」を作るとき、沼津市役所の職員が訪れて参考にした、という。乗船日は違ったが渡し船のダブルを経験するのもオツなものではないか。

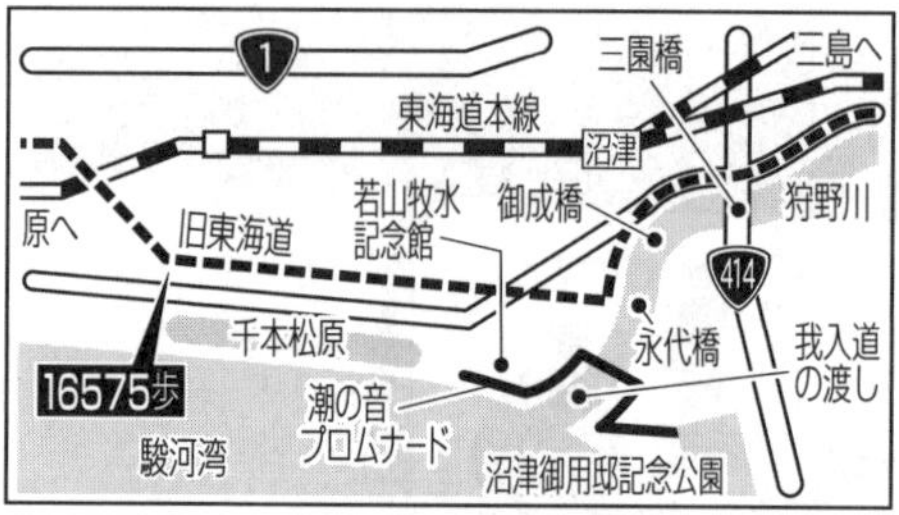

沼津港での昼飯は魚仲買商協同組合直営店「あじや」で名物のあじの干物定食５００円にビールを１本。他にかます、さば、いわしなどの単品が３００円。腹を満たし、さらに海岸寄りを歩くと千本松原の絶景があった。田子の浦まで続く15キロにはあっさり降参して、松林の中に１９２０年（大正9年）に沼津に移り住み半生を過ごした歌人・若山牧水の記念館を見つけた。

「白玉の歯にしみとほる秋の夜の酒は静かに飲むべかりけり」に反して、いつもワイワイ、ガヤガヤとやっている非をわび、ここは〝にわか文学おじさん〟になって厳粛に見学しなければならぬ、と思いながらまた不謹慎な歌が頭に浮かんだ。「幾山河こえさりゆかばヤケッパチの新東海道をけふも旅ゆく」—。

あちらこちらをウロウロしたお陰で4時間、歩数計1万6575歩。渡し船に心洗われ、一方で仕事中にビールを飲む。自分にあきれた沼津の旅だった。（磐城）

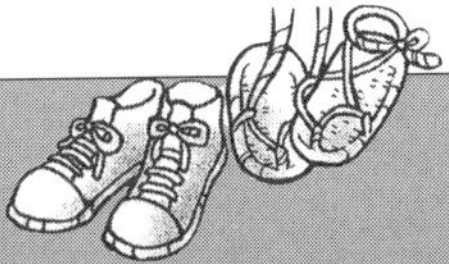

東海道ができて400年も過ぎると当然、道路事情が大きく変わっている。それぞれの市町村にはそれぞれの考え方がある。新しい時代に対応しようと、かつて旅人の涼をとった松林が伐採され、車優先で道幅を広くして国道や県道になったところもあれば、かたくなに昔の面影を残そうとしているところもある。ただ国道、県道は車の排出ガスで歩くのがつらい。

そんなときにはちょっと寄り道するのもおもしろい。たとえば沼津から原、吉原へは県道165号線が旧東海道だが、県道から10分ほどそれて駿河湾沿いへ行けばそこは千本松原の絶景。しかも富士山を右に見て、ゆったりと歩ける。沼津から田子ノ浦まで15キロとちょっと長いが、気分は爽快だ。旧東海道にこだわる人は別にして、排出ガスや事故の心配もなく、こういう寄り道の楽しみ方だってある。

本陣屋敷跡で「鰻」と「富士山」を満喫のはずが…

原宿の本陣屋敷跡で今も子孫が食堂と旅館を経営している、と聞いた。原宿といえば十返舎一九の「東海道中膝栗毛」に「ここは鰻（うなぎ）の名物にて家ごとにあおぎ立つる蒲焼（かばやき）の匂い」とあるように鰻の名所だ。本陣屋敷跡の旅館に泊まって、富士山のふもとの浮島沼で取れるうまい鰻を食べる。これで究極の大名気分を味わえるはずだった。

JR東田子の浦駅を降りてすぐの旧東海道を西に5分ほど歩くと「ビジネス旅館　柏屋」があった。今年80歳になる鈴木満佐子さんが「本当にウチに泊まるんですか」と言いながら、案内してくれた2階の「竹の間」は6畳一間、学生時代のアパートを思い出した。だが窓を開けると目の前に富士山

⑬——原宿

柏屋から見た富士山

と愛鷹（あしたか）山の絶景があった。

沼津市原の著名な郷土史家、望月宏充さん（62）を訪ねて聞いた。「柏屋」のある西柏原新田は原宿と吉原宿の「間宿（あいのじゅく）」で、おもに休憩する宿だった、という。ただ広重の欄外を貫く有名な「原・朝之富士」はこの辺りで描いたものだと教えてくれた。

7年前に夫の安彦さんと死に別れ、ほとんど客のない旅館を守りつづけている満佐子さんと2人だけの夕食に名物の鰻はなかったが、話は延々と続いた。名古屋から鈴木家に嫁いできたのは「いつでしたかな。帝銀事件の年でした」というから1948年（昭和23年）。代々庄屋の旧家で、他人の敷地を踏まずに隣村に行けたとか。曽祖父が義太夫にこって鈴木家の財産を減らしたとも。

だが今も600坪の土地に「柏屋」と長男・英治さん(49)が13年前から営業するスナック「ナイスデイ」がある。「私で何代目になりますか。旅館の方もこんな田舎ですから、お客もないし、そのうちに消滅するでしょう」と本陣跡にはそれほどこだわっていない。手伝いにきていた愛称〝みいちゃん〟も松屋という旧家の子孫だった。

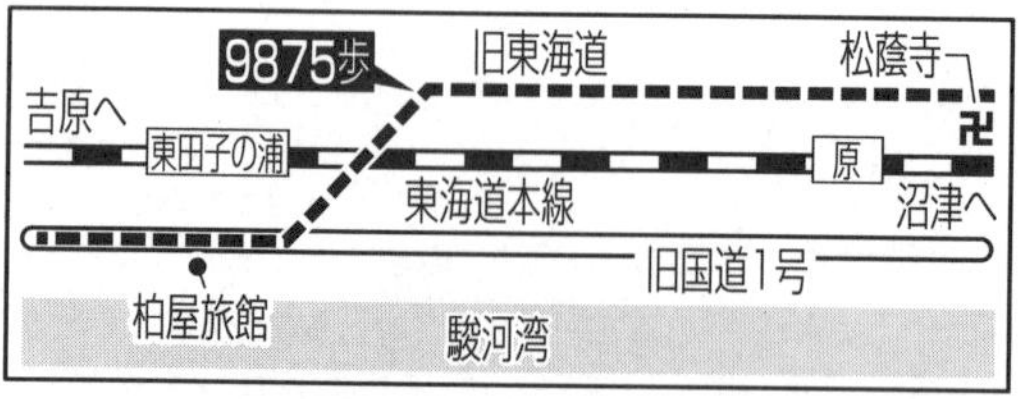

　翌日うまい鰻を求めて旧東海道を逆に原宿に向けて歩く。細長い砂浜の上にできた町は裏町のない一本道のフンドシ町。JR原駅前のすし、鰻の店「やまと」に飛び込んで、なにはともあれ鰻重を注文する。だが「仕入れは沼津からでして、原には鰻の専門店は一軒もありません。ここで商売をして25年になりますが、浮島にはもう鰻はいないし、取れても臭くて食べられません」と店のご主人。

　五十三次の中で旅籠25軒前後の最小規模の宿場町だったが、富士山を一番近くで見られる所でもある。「駿河には過ぎたるものがふたつあり。富士のお山と原の白隠」という。白隠は原出身の500年に一人の名僧だった。

⑬——原宿

翌日の「柏屋」の朝食に味は別にして、鰻の蒲焼がついていた。当初の目的だった大名気分は味わえなかったが、満佐子さんの優しさと話と絶景が旅の疲れをいやしてくれた。「柏屋」は1泊2食、ビール3本で6500円、スナックで飲んで5000円也。

富士山と愛鷹山を右に見て、次は富士山を左に見る「左富士」の吉原宿に急いだ。（磐城）

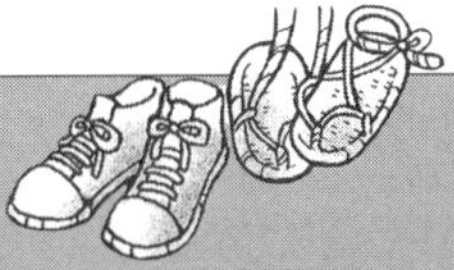

歩いていて地元の人やウオーキング姿の仲間と顔を合わせたら「こんにちは」と挨拶をしよう。たったその一言で知り合いになり、意外な情報が入ってくることがある。「旅は道連れ、世は情け」だ。まだまだ世の中には親切な人がいて、地元の人しか知らないおいしい食べ物やお店、穴場を教えてくれる。仲間にも結構、東海道通がいて、あれこれとアドバイスしてくれる。東海道を初めて歩く人にはありがたい。

特に逆方向から歩いてくる仲間には信号を渡ってでも話しかけるのがいい。これから行こうとしているところをすでに歩いてきたのだから、交通事情、食事処、見所を知っていていろいろと教えてくれるだろう。意外な出会いもある。出身地が同じだったり、名刺を交換したりして親交を深める。ウオーキングをしている人に悪人はいない？

吉原《よしわら》宿

富士山を背に宝くじを購入…さあ追いはぎは出るか？

「左富士の名勝」は「追いはぎの名所」でもあった。JR吉原駅北口から歩いて約20分の富士市依田橋町。江戸から京都までの東海道で富士山が左に見えるのは神奈川・茅ケ崎の鳥井戸橋とここの2か所だけだが、広重の描いた「吉原左富士」の浮世絵は有名だ。

吉原宿は風波が強く、津波などの被害で元吉原宿、中吉原宿、新吉原宿と3度も移転した。そのためにできた北への街道のお陰で絶景の場所になったのだが、四つ角の鉄筋住宅の主人、金子喜代治さん（62）に会った。

ここで生まれ育った金子さんは左富士を見ながら、さぞか

し快適な日々だろう、と思ったらこんな面白い話をしてくれた。「いやいや、昔は恐ろしい所だったのよ。夜になったら追いはぎが出るのよ。だから家の中でじっとしていることが多かったなあ」

昔は物騒だった名勝地

戦前戦後の時代、金子さん宅横に3本の大きな松の木が残っていた。日が暮れると、その松の木の陰に追いはぎが身を潜めていたそうだ。しかも夜中に「パクパク」という不思議な音。周囲のハス畑で花の咲く音だった。名勝が名所、とはしゃれにもならないが、新しい発見だった。

広重は松林を3人の子供を乗せた馬がゆっくり行く風景を描いているが、今はその松も1本だけ。高さ10・5《メートル》、直径62《センチ》、幹周り195《センチ》の老木が2本の支柱に支えられている。唯一、往時をしのべる1本の松は21世紀も健在でいてくれるのだろうか。

源平の戦いで、平家の軍勢が陣取った「平家越えの碑」のある和田川新橋を渡り、再び富士山を右に見て新吉原宿へ。そこに富士山を背にした宝くじ売り場があった。結構人が並んでいて、聞けば評判のいい売り場とか。「一富士、二タカ、三なすび」だ。追いはぎにあったと思ってジャンボ宝くじを30枚購入。だが当たったのは下1ケタ「6」の6等300円が3枚だけ。マイナス8100円を宝くじという追いはぎに持っていかれた。おいしい話がそうそうあるわけがない。

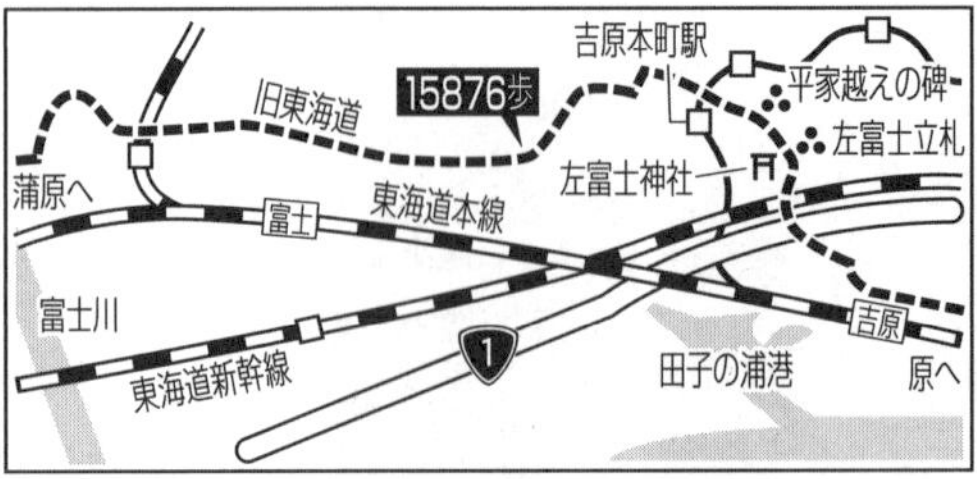

新吉原本町の上本陣跡はパチンコホール、下本陣跡は薬局、と姿を変えている。富士市役所近くで「田子の浦港」の標識を見て、ここまで来れば街道をちょっと南へ外れ「田子の浦ゆうち出て見れば真白にぞ富士の高嶺に雪は降りける」(万葉集・山部赤人)を実感しようと歩いたら約40分。戻ろうとしたら地元の人に「バスもタクシーもない。歩いて帰るしかありません」と言われた。地図を見れば田子の浦港は吉原駅のすぐ近くだった。

⑭——吉原宿

この日、寄り道を含めて歩数計は1万5876歩、約10㌔。新吉原本町に戻り、創業300年の「鯛屋」に宿をとった。早速、梅と高麗人参のエキスを含んだ温泉に疲れた体を沈めた。風呂上がりに飲んだビールの味は格別で、いつのまにかすっかり酔いがまわっていた。（磐城）

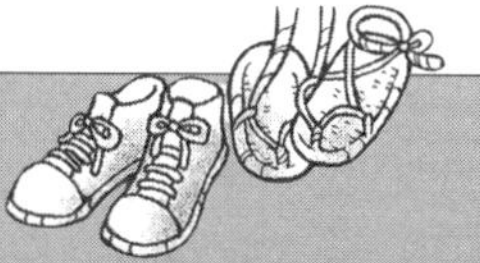

「人は右、車は左」は交通のルール。東海道を歩くときも同じだ。ルールを守るだけでなく、身の危険を避けることになる。なにせ国道や県道は車の往来が激しい。特に大型トラックは車体も大きいが、そのスピードも半端じゃない。景色に見惚れてうかうかしていたら、あの世行きになりかねない。中には意地悪なドライバーがいて、体のすぐ横を突っ走っていく。片側1車線はなおさら要注意。東海道はのんびりした田舎の道ばかりではない。

歩けば分かることだが、左側を歩いていると車の姿が見えない。突然、後ろからビュン、ビュンと追い越されると背筋がゾッとするのだ。風圧もすごいから、吹き飛ばされることだってある。その点、ルール通りに右側を歩いていると、前方から来る車が見えるから恐怖感はそれほどでもない。心構えがあると、とっさのときにも反応できるのである。

蒲原《かんばら》宿

うすい桜エビ「でも今の人はコンビニ弁当…」

富士山はこの日、一夜で雪化粧を整えていた。放射冷却で冠雪が増したのだ。間（あい）の宿・岩淵から富士を背に坂道を下ると、弥次さん喜多さんが木賃宿で巡礼に夜這（ば）いをかけて失敗した蒲原である。以前、３軒あった一般客が泊まれる旅館は今はなく、まして夜這いをかける元気のない中年にとって、何を楽しもう。富士か、名物かな。

看板が目に飛び込んできた。「駿河湾を一眺！」。分譲地の宣伝で、２１００万円から２４５０万円までの９区画。安藤広重が描く蒲原は雪景色だが温暖なこの地は雪はほとんど降らない。別荘、いや、富士を見て過ごす老後にどうぞ、ということか。旧国道１号線に出て「義経硯の水の碑」を確かめ、ＪＲ線をまたいで南下し、蒲原中学校前に

ある「浄瑠璃姫の墓」まで歩く。源義経を恋慕した浄瑠璃姫はここで果て、水の碑は義経が手紙を書くため清水を使った場所である。

墓の近くを毎朝散歩するという老女と立ち話になった。「きょうの富士山はきれいだ。いつも見ているから何とも思わないがね。ここは日本軽金属が出来て栄えるようになったが、それまでは山と海だけの何もない所だった」。中学生が毎日掃除をするという墓はゴミひとつなかった。

浄瑠璃姫の碑と六本松

「いたわりゾーン」と道に書かれた旧道に戻り「渡辺家土蔵」に気がついた。1839年（天保10年）に完成した3階建ての土蔵で地元では木屋の屋号で知られる—そんな説明板をメモしていると買い物帰りのご婦人にバッタリ出会った。この家の渡辺和子（まさこ）さん（50）だった。しずおか信用金庫の理事で23代目当主・渡辺俊介さん（52）と家・土蔵を守り、天保から安政期までの先祖の日記を訳し、今年（2001年）

3月までに完成したいそうだ。「この道（旧東海道）の大切さをなんとか理解してもらいたいけれど」と、自費で土蔵を修理している。

新蒲原駅を過ぎて国道沿いのお好み焼き店「しおかわ」でひと休み。小永井芳子さん（72）が大きな鉄板で料理を作る。桜エビが名物だが「いろいろ試したけど地元の人は飽きたのか、桜エビを入れても食べない。北海道から歩いてきた若者がいたけど、今の人はコンビニ弁当で済ましちゃうようですね」。駅前に大型スーパーが建ち、人通りも移っているそうだ。

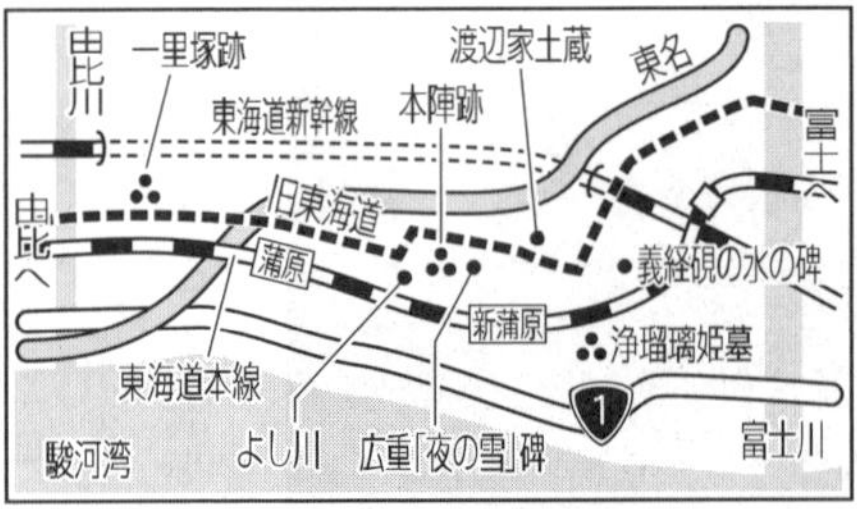

そうはいっても桜エビで昼飯だ。地元の食通にも有名な「よし川」に向かう。その途中の本陣跡手前に蒲原宿の石碑。広重描く「夜の雪」の銅板レリーフがはめ込めてあった。これを確認すれば落ちついて食事ができる。「よし川」では、2代目主人・吉川千鶴子さん（53）と話し込んでしまった。同じ団塊世代のよしみで意気投合。創業50年だが「ウチは出会いの場所なのか、大阪の人同士がかち合ったり五十三次の旅で京都や横浜の夫婦連れが来たり。私は大学時代、世田谷にいたのよ。店？ 娘が継いでくれればねぇ」。桜エビのかき揚げ定食

⑮——蒲原宿

（1300円）と懇談で満腹、満腹。

蒲原駅を越えていくとマルキューストアがあると吉川さんが教えてくれた。歌手・久保田利伸の実家の八百屋さんだという。母親と姉らしき女性2人の姿を見かけ、突撃すると「事務所を通すと話はできるのですが…。スーパー？　いいえ、息子は八百屋といってますから。ハイ、八百屋です」。突然の非礼をわびてふたまた道に着くと、歩数計は4・3キロ（7438歩）。もう由比が近づいていた。（大島）

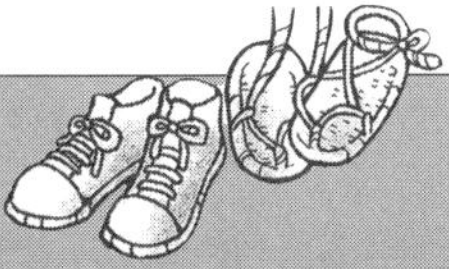

歩く旅とはいえ気掛かりなのは財布の中身だ。タクシーやバスを利用する旅ではないが、何かとお金がかかる。東海道五十三次の全行程を一年とか半年を費やし、区間を決め、何回かに分けて達成した場合、50万円から80万円の費用が必要だったというデータを聞いたことがある。運賃や宿泊費、食事・土産、見学料金などの雑費、旅行会社の企画ならガイドの費用が加算される。

私は朝飯だけ付く旅館に宿泊した。そこはかつて諸国商人宿などと呼ばれた旅館らしい。もちろん、インターネットにも掲載されていない。五十三次の宿場付近に旅館やビジネスホテルがない場所が結構ある。出発前の事前調査で市役所や町の観光課、あるいはガイド誌に載っている情報から逆取材して「穴場」の安い旅館を紹介してもらった。土産は買わない、昼飯はコンビニの弁当。節約旅行もいいものだ。

由《ゆ》比《い》宿

不安な薩埵峠…あれれ山下泰裕さんだ

いよいよ恐怖の由比である。ここを抜けて次の興津に向かうには古来から難所で知られる薩埵（さった）峠を越えねばならない。裏話を披露すれば足腰に自信のない私は山道を歩く旅は避けていたのに、箱根越えと並ぶ難所が担当となり、泣く思いでこの日を迎えたのだ。五十三次ツアーを体験中の義理の姉に資料を借り、話を聞き、意を決しての峠越えだ。

前日に宿泊した西山旅館で客は私一人の気安さで、蒲原からたどり着いた疲れを取ろうとお風呂では足首をバタつかせたり、自分でも恥ずかしい格好でリラックス。女主人の望月千佐枝さんから「北海道からきた男性3人組は変わってました。真夜中3時か4時ごろ、歩いて出掛けましたよ。峠をど

⑯——由比宿

絶景の薩埵峠

うやって越えたのかしら」など、酒の相手をしてもらったおかげで、すっかり疲労は抜けていた。

本陣跡地に建った東海道安藤広重美術館で広報の望月八重子さんから「秋は見学者が少なかった。景気の影響があるのでしょう」と説明を聞き、由井正雪の生家をのぞいてスタートだ。

由比駅を通り過ぎ、寺尾から薩埵峠の東坂登り口に当たる西倉沢はひなびた家並みが続く。すき間なく並ぶ民家から姿を見せるのは老人ばかり。こんな厳しい山間にも人は住むのか、という感動を呼ぶ。望嶽亭に着いた。午前10時を回ったばかりだ。戸は閉まっていた。江戸時代からの茶亭で、富士山の眺望が絶景とされている。カメラで写してこれから急坂となる峠に急ごうとした時だ。

背丈の半分以上はあろうかという大きな背負いかごに木片をあふれるほど積んだ老女がふたまたの坂道を登ってき

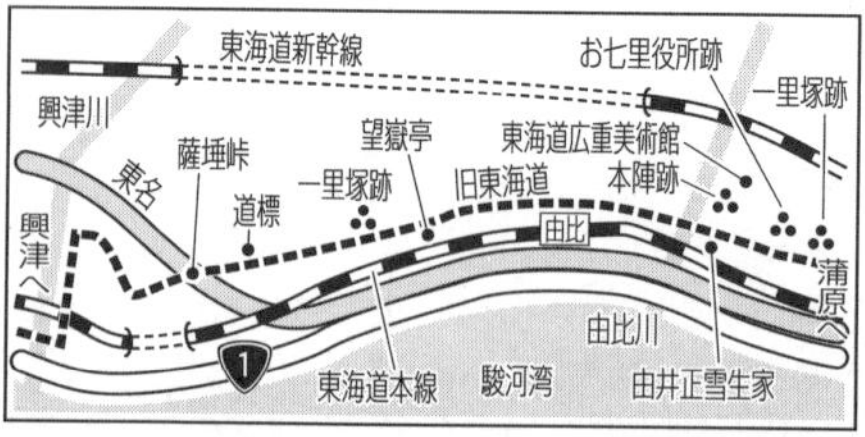

た。もしかして？　すれ違いざま、「こちらの方？」と問うと「はい」と答える。西山旅館で、望嶽亭の名物おじいちゃん、23代目当主・松永宝蔵さんが昨年10月に亡くなったのを聞いていたから妻・さだよさん(75)と分かった。お墓に行ってきた帰りだという。

名前を告げ「お線香をあげたい」というと、戸を開け、仏壇まで案内してくれたのである。昨年10月15日に死去した宝蔵さんは急性心筋こうそくだった。幕臣・山岡鉄舟が官軍に追われ、漁師に変装して脱出した隠し階段、その時残した10連発ピストルなどを見せながら、さだよさんの話が途切れない。ミカン3個までいただいてしまった。

薩埵峠の山之神遺跡に到着したのは1時間後。ここから望む富士は東海道中有数の絶景といわれる。だが、あいにくの曇り空。富士は見えなかった。それにしてもこのおびただしい旅人の数はなんだ。反対方向からぞろぞろとその数300人以上だという。日本全国を歩く伊能会だった。その中に見たような顔。柔道のロス五輪金メダリスト・山下泰裕さんではないか。

用意されたお弁当と熱いみそ汁を開き、昼食時間だった。そういえば西山旅館では翌日は伊能ウオークのメンバーが予約していると話していたっけ。

⑯——由比宿

清水市役所前を出発した一行で「きょう1日だけの参加ですが歩くのが好きで犬を連れ、よく歩きます。健康にいいですよ。ハイ、楽しんでます」と山下さん。当方もすっかり空腹に。後は下るだけ。杉の樹林を走るように急ぎ、合計9・5キロ（1万4898歩）のこの行程を克服したのである。（大島）

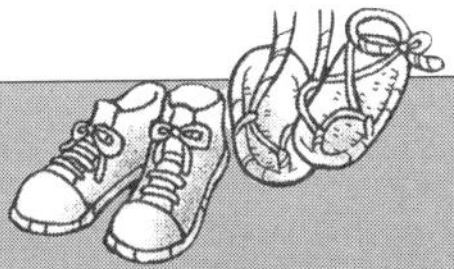

私の家は東京の海抜の高い場所にある。最寄りの駅まで下り10分、上り15分を毎日歩く。その際、自分自身が例えば江戸時代の武士とか商人に変身した気分になって歩くと、つらさを忘れる。

難所の峠越えもこれを応用した。上りは当然ながらゆっくり進む。シューズのひもをきちんと結んでおき、土をかむようにというのか、足場の悪い場所を避けながら歩く。「なんだ坂、こんな坂」などと独り言をいい、強い気持ちを持つ。下りはドンドン進んだ。

こんな方法があるそうだ。「上りで息切れした場合、後ろ向きで上がっていくと楽。下りはゆっくりと同じ速度を守って歩くと足首、ひざの負担が少ない」。上り切った快感と自信。私は散歩もしない怠け者だが、ルンルン気分で坂道を駆け下りた。

日本一のはんぺんを作る魚屋に突撃取材

難所の薩埵峠を無事通過したら熱いコーヒーにありつくと決めていた。弥次喜多の2人も興津宿で「きなこをつけた団子を二、三本くんなせえ」と、やはり茶店でひと休みしている。興津川を渡ると平たんな道が楽ちんに感じる。グングン歩こう。足は軽快、やほう、やほう〜。

JR興津駅に着くと駅前の喫茶店「みくら」に飛び込んだ。

うまいなあ。2杯も飲んだ。疲れを取るにはコーヒーに限る。ふと店内を見回すとポスターに気づいた。「薩埵峠は今日も晴れ」という演歌の宣伝だ。ヒット中の「箱根八里の半次郎」は知っているが、聞いたことがないなあ。店の女性経営者と雑談になった。どうやら店は老人たちのたまり場らしく、いつの間にか4、5人が集まっている。

⑰——興津宿

「武田信玄の家来が居ついた土地で山梨、望月、佐野や深沢姓が多いよ。明治以降は公爵の別荘地だったが、まあ、歴史はあるな」。富士山の飛行写真を撮り続けている人らに予備知識までもらって、いざ出発である。

東海道屈指の古刹、清見寺

　まず、清見寺（せいけんじ）。東海道屈指の古刹（こさつ）で知られ、石の五百羅漢、庭は有名だ。午後1時。ところが葬儀に出合ってしまった。山梨家だ。参列するわけにもいかず、山門横にある与謝野晶子、島崎藤村の歌碑を見ただけ。困ったなあ、何か土産話を探そうか——と国道裏に寄り道したのが正解だった。

　アタックした買い物帰りのおばさんがヒントをくれたのだ。「楽しみ？　カラオケ？　ああ、カラオケ教室は公民館で先生が夜7時から教えてくれるが、主婦は続かない。やめたよ。有名人？　あ、あの魚屋に行ってごらん。テレビに出たそうだから」。ナヌ、テレビか。そういえば魚屋があったっけ、と街道に戻り、見つけたのが「魚格（うおかく)」。「あのう、テレビに出たという有名なご主人がいるそうで?」。突撃したのである。

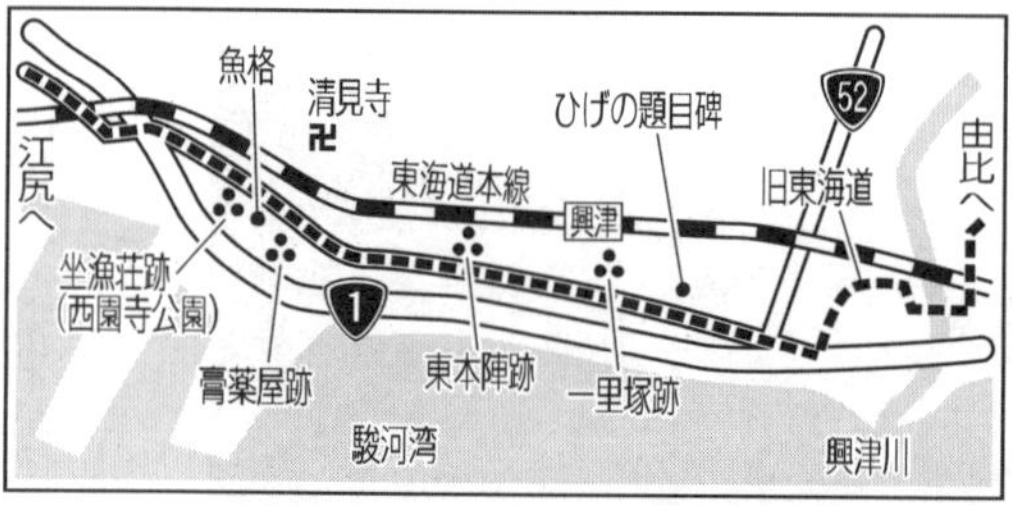

実は明治の元勲、井上馨の銅像が立つ清見潟公園や西園寺公望の晩年の別荘・坐漁荘(ざぎょそう)跡は訪ねたものの大きな収穫はなし。だが、店のご主人・出口啓司さん(60)は「ウチの手作り揚げはんぺんはよそに負けない、日本一と自信を持って作っている」という職人だった。さらに父親は西園寺公に魚を納めていたそうで、まるで大久保彦左衛門と一心太助の関係を想像させる。「オヤジによると西園寺さんはヒラメを1匹買っても縁側しか食べなかったそうで、身はほかの人にあげたそうだ」。肝心のはんぺんは、キスとハモの揚げはんぺんで1枚70円。1日に約４００枚がアッという間に売れる。この小さな町に日本一がいようとは思わなかった。「よし、見せてやろう」と、奥の一間で即席の試写会になった。昭和30~35年代に撮影した清見潟の映像で、ビデオに直して所蔵しているという。母屋のすぐ前まで海が迫っていた当時の様子はテレビ局が借りにくる貴重なものだ。

現在は公民館である坐漁荘跡だが、２００４年には別荘の復元が完成するというニュースまでもらって、ようやく楽しみな旅館・大和に到着。真アジを使ったアジの押しずしとまさに好人物の主人・三浦俊夫さん（60）の話がごちそうだ。食事が終われば、あとは歩くだけ。江尻の宿に入る手前に、やっと細井の松。4・9キロを7597歩で到着だ。振り返って見ると、遠くに富士山が浮かんでいた。（大島）

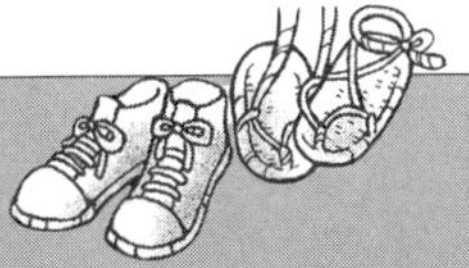

お土産として持ち帰ったり、宅配便で送ったりしたものがいくつかある。川崎宿ではおまんじゅう、神奈川宿では横浜駅西口まで回り道をして買ったシュウマイ、蒲原では桜えび。由比ではしらす、桜えびが名産だ。峠に向かう途中、目前に駿河湾をのぞむ由比駅の通り沿いの魚屋からしらす、かまぼこなどを宅配便で送った。ところである主婦たちの五十三次ツアーに聞くと土産について〈1〉買わない〈2〉名産品はまず試食してから決める〈3〉宅配便では買わず、持ち帰り程度にする…。つまり節約主義なのだ。

お薦めは興津宿の鮮魚店・魚格のはんぺん。犬も歩けば棒に当たるというが、行き当たりバッタリで知った穴場に思いがけない土産が潜んでいる。

江尻《えじり》宿

次郎長気分でOL子分と仇の供養

江尻といっても、現在はピンと来ない人がほとんどだろう。昔なら次郎長、いまはサッカーで有名な清水のことだ。

この宿場はひょんなことから、若い女性といっしょに歩くことになった。人力車の虜（とりこ）になったマスターがやっている「鯱」という飲み屋のことは、保土ヶ谷のところで書いたが、そこで知り合ったのが、Yさんだ。銀座に勤めているOLで、いまどき、珍しい日本酒党。歩くのがどんなに楽しいかを話し「でも、女にゃあ、無理だよ」と、よけいなことをつけ加えたのがまずかった。ちょっと、酔っていたうえ、勝ち気な性格。

「じゃあ、連れて行ってよ」となったのである。

次郎長の仇役、都田の供養塔

寒さも和らいだ日曜日の午前9時30分、JR清水駅に着いた。2人で巴川を歩いて南下、次郎長通りにある次郎長生家に立ち寄った。貴重な写真や書簡をはじめ家具、調度品が保管されている。いまの主人は次郎長の長兄から数えて6代目。店番をしていた当主の親せきのおばさんによもやま話を聞き、ついでに広沢虎造の浪曲のCDを買う。

清水駅に戻る。駅前の清水銀座を抜け、巴川に出た。この辺が昔の宿場だが、本陣、脇本陣、旅籠などは空襲ですべて焼失、脇本陣の「大ひさし屋」だけが、再建して営業している。工事中の稚児橋を渡り、旧街道を西に向かうと、追分の道標。その横に有名な追分羊かんの店。格子戸のある古い店構えに赤いのれん。観光客はたいがいこの店に寄るそうだが、われら2人そろって辛党、店の中をちらっとのぞいただけだった。その先にこの宿場の一番の目的地がある。

次郎長の子分、森の石松は金毘羅（こんぴら）代参の帰途、都田（虎造の浪曲では、都鳥）吉兵衛にだまされて、切り殺される。次郎長一家はこの追分で石松の仇（あだ）を討った。ひきょう者の都田の菩提（ぼだい）を弔う人はまれで、これをあわれんだ里人が1963年（昭和38年）に供養塔を建てたという。

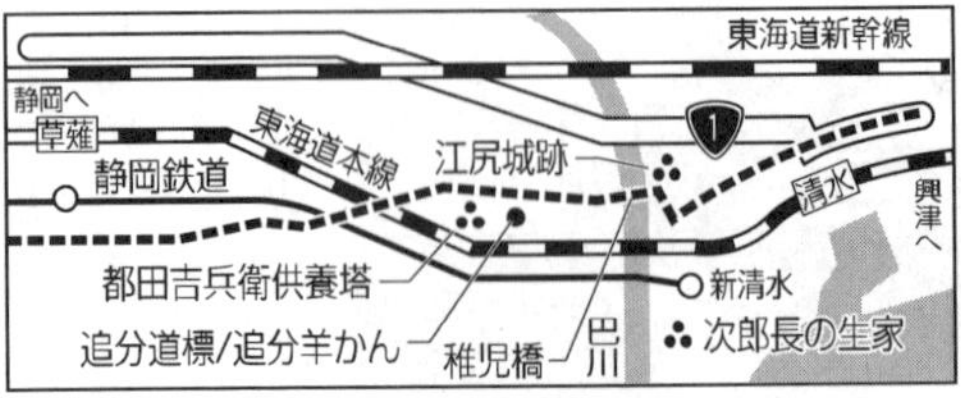

民家の塀の角に寄り添うように丸石がふたつ。小ぶりの松の木、寒ツバキの白い花が3つ4つ。いい風情。これだ。
「悪人だから、こういうふうにひっそりとね。いいねえ、なんとも、いえないよ」と知ったかぶりをし、カメラのシャッターを切った。Yさんは「ふーん」とうなずいて、神妙に両手を合わせる。極悪人でも死なば仏だ。なんとなく、いい気分になって、先を急ぐ。30メートルほど歩くと、Yさんが「あらっ」と小さな声をあげた。見ると、左側の道端に本物の「都田吉兵衛の供養塔」。灯籠（とうろう）のように見栄えがよく、卒塔婆、立て札もちゃんとあった。絶句。だが、Yさん、何事もなかったかのように、再び神妙に手を合わせた。若いのに、人間ができている。

旧街道はこの後、府中に近づくにつれ、国道に吸収されるような感じで、跡形もなくなった。排出ガスもうもうで、こんな道をひとりで歩いていると、気が変になる。やはり、旅は道連れがいい。若い女性なら、なおのこと、いい。靴が鳴る鳴る1万9600歩。約13・7キロ歩いて、JR静岡駅に到着。きょうは、まだまだ、行ける。（浜田）

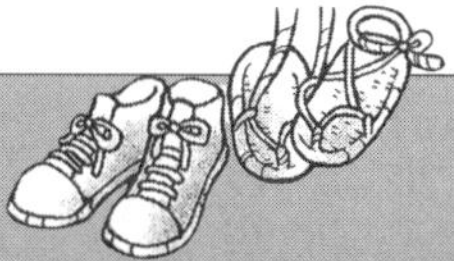

どこか主催のウオーキングに参加する場合、休憩場所はあらかじめ決められている。公園や神社などトイレが比較的多い場所になっている。団体さんの場合、一番気を使うのがトイレで、私も前に参加した1000人規模のウオーキングでは、こんな経験がある。

1000人単位で組になって歩き、最初の休憩地に行って驚いた。トイレの前が長蛇の列。神社の境内の隅っこで用を足していた人もいたが、こらえ性がなくなると、恥も外聞もなくなる。少人数の場合、こんな不自由はしないですむが、一番いいのは街道沿いにあるパチンコ店だ。大型店だとウォシュレットになっていて、しかもマッサージ器まで備わっている。250円の熱いコーヒーを飲み、30分ほど休憩がてら肩、背中の凝りをほぐして、リフレッシュすると、気持ちが前向きになってくるのです。

安倍川端を736歩で歩く…誤差わずか2メートル強

三保の松原から清水駅に戻って、Yさんとさよならした。宿泊先は清水銀座にある元脇本陣で、450年の歴史を持つ「大ひさし屋」だ。当主23代。この夜はやけっぱち記者のほかに奈良県の小学生サッカーチームの一行が20人近く泊まっていた。おかみさんが気を使ってくれて、風呂はちびっ子と別の階、食事も部屋まで運んでくれ、お酌をしてくれた。1945年（昭和20年）7月7日、清水近辺が大空襲を受けたとき、小学校6年生だったというおかみさん、まだ若い。「女の子が2人いるんだけど、1人は薬剤師で、もう1人もだめねえ。跡取りがいないから、主人と2人で細々とやるしかないのよ」ここでも、江戸の名残が消えようとしている。

⑲——府中宿

21世紀は残酷な世紀だ。

東海道線の車窓からずっと富士山を見続け、静岡駅に着いた。府中、家康ゆかりの宿場は「東海道中膝栗毛」の作者、十返舎一九の生まれた地でもある。酒の飲み過ぎで晩年は体が不自由になり、生活もままならなかった。「この世をばどりゃお暇（いとま）にせん香の煙とともに灰（ハイ）さようなら」これが辞世の句で、67歳で死ぬまでユーモアとサービス精神を失わなかった。見習いたい。

安倍川から望む富士

七間町名店街を抜け、新道をまっすぐ行くと安倍川にぶつかる。立派な橋。1、2、3…。東海道を歩き始めて妙な癖がついた。自宅から最寄り駅、あるいはネオン街の入り口からなじみの飲み屋まで、知らず知らず歩数を数えている。「四千万歩の男」の伊能忠敬は56歳から日本の海岸線を歩き始めた。井上ひさしさんの小説ではこの男、歩数が合わなくなるのを極端に嫌う。橋を渡る場面で、前方に犬のフン。しかし、避けると歩数がずれる。「真っすぐ進む、…踏んだ」—この心境が理解できるのである。橋の途中で携帯電話が鳴った。おかげで歩数を

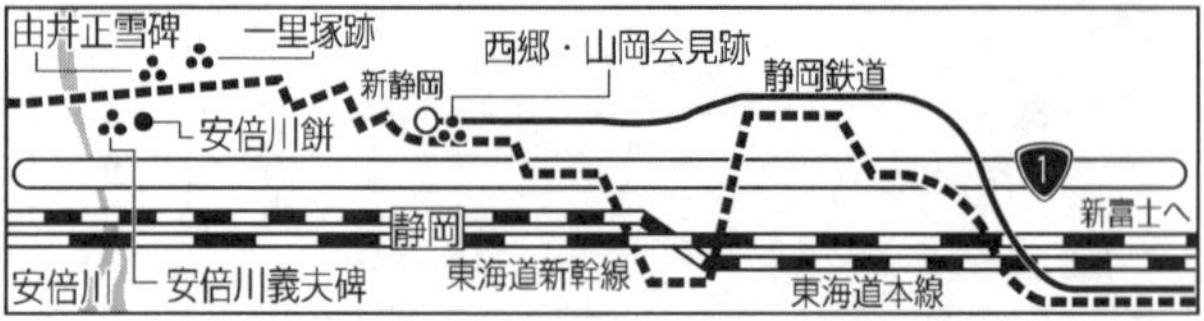

忘れ、もう一度引き返し、数えなおすと736歩だった。歩数計は5センチ刻みのため、1歩70センチで設定しているが、会社で何度も測った結果、実際は約67センチと判明。これで計算すると、736×0・67＝493・12メートル。県の土木事務所に電話した。安倍川橋の長さは490・8メートル。誤差わずか2・32メートル。歩数を正確に数えると、10キロ歩いても50メートルの誤差しかない。

この川は江戸時代、もちろん、橋などない。橋のたもとに安倍川義夫（ぎふ）の碑。川越人足が旅人が落とした大金の入った財布を次の宿場のまだ先の、宇津ノ谷峠まで追いかけて渡した。昭和になって、この正直者の碑が建てられ、戦前の小学校の教科書にも載ったという。

膝栗毛では、そうはいかない。渡し料は水かさによってランクがあり、脇下の64文から、ひざ下16文まで（当時、二八そばといって、そば1杯16文）。喜多さんは一番深いところを肩車で渡り、64文プラス酒代16文を払う。ところが、人足は川上の浅い方を渡って帰る。ごまかされたのだ。どっちにしても、橋のない川には不自由ゆえの、さまざまなドラマがあった。

21世紀に入った安倍川はというと、手の甲の血管のように水は幾筋にも分かれ、細い流れになっている。うまいこと選べば、最深部でも昔でいう、また下の18文で行ける。だれも見ていない。ばかをやってみるかと、一瞬考えたが、水の冷たさを想像し、やけっぱちにならずにすんだ。(浜田)

⑲——府中宿

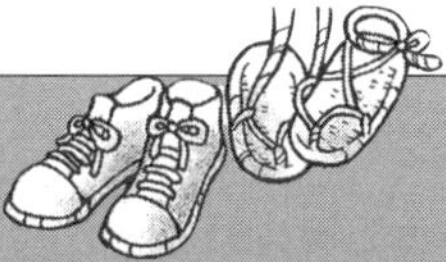

歩くだけが目的ではないグルメにとって、どこで食事をするかも大事なことだ。私は安倍川のあべかわもちか、丸子のとろろ汁かで、迷った。食い意地の張っているヤングはどちらも食べるといいが、年配になると無理だ。安倍川から丸子まで4㌔足らずの平たんな道で、並足で1時間弱しかかからないからおなかがすかない。グループで歩く場合、大広間の座敷でゆっくりできる丸子のとろろ汁を選ぶのが賢明かもしれない。

府中と丸子は2度歩いたので、後で考えついたのだが、あべかわもちをお土産にしてもらうのも手だ。丸子から岡部への道は、だらだら坂が続き、難所の宇津ノ谷峠が待っており、峠に着くと、一服したくなる。とろろ汁は消化がいいから、小腹が減る。あべかわもちはおやつ代わりというわけだ。楽しく歩く。昼食選びにもセンスが必要です。

行列のできる店をパス、とろろ汁を穴場で腹一杯

丸子（まりこ）といえば、とろろ汁。五十三次のなかでも、最も有名な食べ物だろう。かの芭蕉も「梅わかな丸子の宿のとろろ汁」と詠んでいる。広重の浮世絵とだぶる風情の丁子屋（ちょうじや）はこの地きっての名所になっている。

やけっぱち記者はあまのじゃくだ。草木もなびく丁子屋では芸がない。静岡出身のカメラマンに耳寄りな話を聞いた。微妙な問題なので回りくどくいうと、行列のできる店のそばに、穴場があるということだ。丁子屋の正面から84歩、西に行った所に同業の「一松園（いっしょうえん）」がある。大広間で1600円の定食を食べた。茶わんにこぶし大の麦飯を入れ、とろろ汁をたっぷりかけて一気にかき込む。消化がいいからかまなくても、平気。4杯も5杯もいける。ムカゴ

（山いもの実）をはじめ、この地で採れた山菜もついているが、なくても口は寂しくない。

腹いっぱいになったところで、ご主人の小野田友一さん（60）に名刺を渡す。「すぐそばにあんなに有名な店があると、やりにくくないですか」と単刀直入に聞くと、かぶりを振って「味に自信がありますから」という返事がかえってきた。やぼなことは言いっこなしだった。友一さんは2代目で、レジに座っていた高志さん（33）が入り婿で3代目を継ぐことになっていた。28歳のとき、勤めていた化粧品店をやめて、修業を始めたという。話を聞くと、情熱が伝わってくる。この連載も読んでくれていた。

とろろ汁の「一松園」

「富士山を見るため、パチンコ店に出入りしていた人がいましたよね」

「それ、僕です」

やけっぱち記者は赤面する。「もう一度来てくれたときがいちばんうれしい」というご主人に「また、寄せてもらいます」とあいさつして、店を後にしたのはいうまでもない。

白状すると、安倍川を渡って、とろろ汁を食べるまで、10日近くたっている。なぜなら、あの日、安倍川餅（もち）の「石部屋」で大好物のからみ餅を3人前食べたのだった。餅はマラソン選手などが好むように腹持ちがいい。安倍川から丸子の宿までは6000歩とちょっとで、おなかが減らなかったのだ。

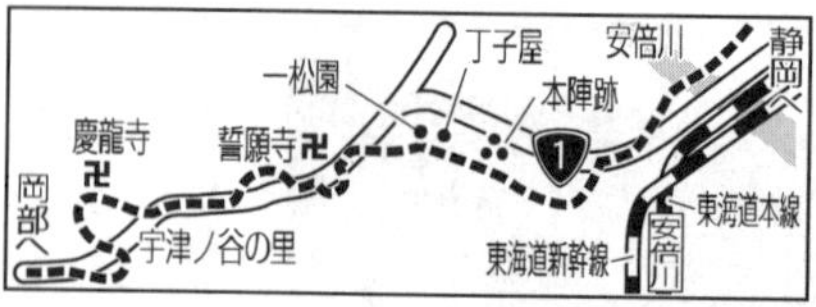

とろろ汁をパスした日、餅腹で、宇津ノ谷峠をめざしたが、また悪い癖が出た。旧道だとばかり思って歩いていると、山肌がむき出しの石切り場にさしかかった。注意書きの看板が立っている。1日2回、サイレンで発破の警告。これはやばい。次第に上り坂。人っ子ひとりいない。がけのあちこちに赤い布の切れ端をつけた棒が立っている。「注意」を通りこして「危険」の印に違いない。冷や汗。やっぱり、行き止まりだった。回れ右をして、駆け足で国道まで戻った。

宇津ノ谷峠にたどり着くと、日は暮れかかっていた。河竹黙阿弥の名作「蔦紅葉宇津谷峠（つたもみじうつのやとうげ）」で、座頭の文弥が殺される、凄惨（せいさん）な舞台となった所だ。つたの細道、旧東海道など数ある道のなかから、平成のトンネルを選んだ。てすり付きの歩道はあるが、トンネル内は引っ切りなしに通る車のごう音で耳が張り裂けそう。車間距離もあまり取っていないので、ひとつ間違えば、ひとたまりもない。意地を張らずに、トンネル入り口の「道の駅」でバスに乗るべきであった。1240歩で全長881メートルのトンネルを抜ける。さらに行くこと1時間、安倍川を渡ってから歩数計が1万3714（約9・6キロ）を刻んだバス停でギブアップ。岡部に続く道は、完全に闇になった。（浜田）

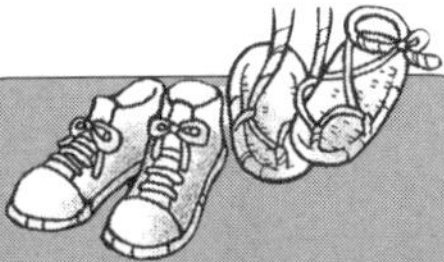

東海道を歩き、もっとも重宝したのは携帯電話である。再三、ケータイを鳴らし、無事を確認したり、新しい情報を流したり、逆にもらったりした。私たちは歩くだけでなく、写真も撮っておかなくてはならなかった。素人でも撮れるフィルムで撮影するカメラを持っていったが、あれはけっこうかさはる。いまは断然、カメラつきの携帯電話をすすめる。信じられないくらいに画像が鮮明で、送信など便利なことこの上ない。重宝すればするほど、逆にないと不便である。電池が切れた場合に困るので、充電器はぜひとも持って出かけたい。マッチぐらいのサイズだから、リュックに入れておくといい。

足裏を刺激「はだしの細道」を5周…五十肩治る？

きっと、雪になるな。早朝、新幹線で東京を出発したときの寒さったら、なかった。静岡駅からバスに乗り、宇津ノ谷トンネルを越え、岡部町役場前で降りた。裏手の堤防を歩いて、最初の橋を渡る。約15分で「おかべ巨石の森公園」に着いた。ここに「はだしの細道」がある。東洋医学や古来から伝わる足裏健康法を取り入れ、散歩気分で健康の維持、向上が可能だという。「健康おたく」には見逃せない。

情けない話だが、五十肩に悩まされている。右肩を3年前やられた。病院に行っても「日にち薬だね」で、おしまい。だが、医者のいう通り。昨年、シドニー五輪でYAWARAちゃんが金メダルを取ったとき、なんと、万歳ができた。大喜びして、飲み屋で快気祝いをやったところ、数日後、左肩に転移した。こんなこ

と信じられない。また、苦痛にさいなまれる日々…。

どんなに痛いか。直木賞作家の浅田次郎さんは著書「勇気凜凜ルリの色　四十肩と恋愛」の中で次のように書いている。パンツをはいて倒れ、のたうち回ったあと、痛みが治まったので気を取り直してモモヒキをはいたとたん、またブッ倒れた、と。それほどひどいから、ワラにもすがる。「はだしの細道」はひょっとしたら、四十肩いや、五十肩の呪縛（じゅばく）から解放してくれるかもしれない。

通称「はだしの細道」

「はだしの細道」。競馬場の小さなパドックを想像してほしい。コースに世界各国から取り寄せた石を敷き詰め、その上をはだしで歩くのである。寒いせいか、だれもいない。スニーカーと靴下をぬぎ、実践。なるほど、丸石は足の反射区（つぼ）をほどよく刺激し、気持ちがいい。ところが小さくとがった石のエリアになると、てすりに体重をかけて歩かないと、痛い。1周約3分。2周目からは靴下をはいて、とがった石もてすりをつかまずに歩く。5周したら、体全体がポカポカしてきた。

運動のあとは、安らぎも必要である。岡部は玉露の町だ。ちょいと一服もいいだろう。グラウンドでゲートボールの試合の準備をしていた白いあごひげの老人に「玉露の里」への道順を聞く。

「川に沿って、奥へ、奥へと歩くといい。6キロくらいだけど、おたくさんはお若いからすぐだよ」

あんまり若くはないけど、その言葉に勇気づけられた。川のせせらぎ。山の斜面の茶畑。いい風景ではあるが、山間から吹いてくる風がきつい。それでも、足の裏の熱気が体全体に広がって行く。前傾姿勢でずんずん歩く。休憩もしなければ、水分の補給もなしで8094歩、1時間10分で玉露の里にたどりついた。

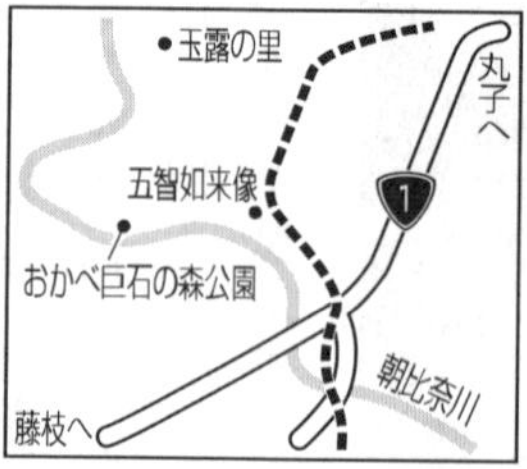

入場料500円。茶室・瓢月亭（ひょうげつてい）に入った。個室で待つこと2分、和服のおねえさんが、日本酒を飲むときのおちょこのような小さい器にいれた、ぬるめの玉露を運んできた。のどが渇いていたので作法は勘弁してもらい、グイッとやって、和菓子を食べる。すぐに2杯目が運ばれ、これもグイッ。かけつけ2杯。茶道とは無縁の人間であることがよく、わかった。

㉑——岡部宿

バスは1時間に1本しかない。70分歩いて玉露の里に滞在すること、わずか17分。岡部町役場まで帰りの所要時間はバスで14分。せわしなかったが、そこそこの安らぎにはなった。その後、藤枝まで出て、東京へ帰った。歩数計は1万8900歩強。そのうち、1万4400歩の約7・2キロが寄り道だったが、無駄ではなかった。その夜、案の定、都心に雪が降った。行きつけの飲み屋で、雪見酒。あす、五十肩が治っているかも知れない。（浜田）

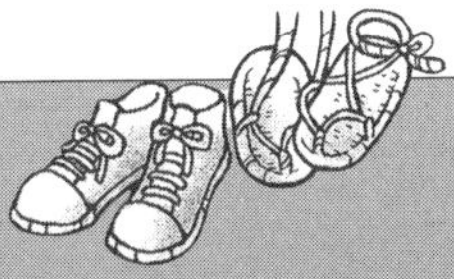

ガイドブックを持っていても、実際に歩くと、なかなか目的地につかないことがある。そんなときは、ぐずぐずせずに地元の人にきくことだ。丸子から岡部にかけて宇津ノ谷峠がある。川っぷちを散歩していた子供連れのおやじさんに「ウツノタニトウゲにはどう行けばいいんでしょうか」と聞くと、最初は首をかしげていたが、ていねいに教えてくれたうえ、「10分ぐらいかかるかな」とつけ加えてくれた。土地の人は親切に道を教えてくれる。

おやじさんが首をかしげたのは宇津ノ谷峠を「ウツノヤトウゲ」といわなかったからだった。渋谷は大阪では「シブタニ」だが、東京では「シブヤ」である。道は教えてもらった通りだったが、30分ちょっとかかった。かなりへばっていたとはいえ、土地の人と所要時間のずれはだいたいこんなものである。

二十二 藤《ふじ》枝《えだ》宿

〃健康オタク〃家康がはまった「タイの天ぷら」

いかなる人間も、3つの望みがあるという。「健康、正直な手段で金持ちになること、美しくあること」という3点をあげたのはプラトンだった。

だしぬけに、哲学者を持ち出すのはまあ、景気づけのためだが、続いて話が徳川家康へ飛ぶには、わけがある。いま、旧東海道をひょいとそれて、家康が死ぬきっかけになった田中城をさがしているからだ。

家康は健康とお金に、こだわった。とくに、食と酒に気をつかい、女性におぼれず、アウトドア派に徹した。

家康の健康法は、いまでも立派に通用する。「よく食べ、はげしくスポーツをする」のが、信条だ。酒はガバッとのんで、すぐやめる。のむといっても、戦陣か、鷹（たか）狩り前に、

朽ちかけた屋形と灯籠

勢いをつける酒である。

江戸時代の平均寿命は、しっかりした記録はないが、35歳ほど。なのに家康は、69歳で川を泳いだり、野山を飛びまわったりした。たえず体を動かし、75歳まで、病気らしい病気ひとつしなかった。

その家康がついに、この地で倒れた。原因は、食べ過ぎである。

あたりを見回しながら歩くが、田中城の案内はない。標識なし、人通りなし。小道が入り組んで、城は見つからない。江戸期の人は1日、40$^{キ}_{ロ}$ぐらい歩いた、と「海道記」にある。50歳くらいの男子の平均距離である。

現代では「健康のためのウオーキングなら、20分以上は続けて歩け」が鉄則だ。からだの脂肪が燃焼し始めるのが、そのあとだから。こちらはさっきから、城跡を20分もさがしている。あった。やっと見つけた田中城は、小学校になっていた。学校は授業中らしく、しんとしている。

ふだんは「食べ過ぎは、意思が弱いからだ」といっていた家康なのに、上方でタイのてんぷらが人気と聞いて、それを出させた。タイをカヤの油で揚げたものがすっかり気に入って、ふだんよりずっと食べた。その夜から腹痛が始まり、結局、それが命とりになった。

藤枝で「タイを、てんぷらにして」と料理屋に声をかけたが、笑われた。そりゃそうだ。白身のてんぷらなら、タイよりもっとうまい魚がある。

というよりも、現代でも人によっては「家康公」と尊称で呼ぶ藤枝で、公がくるしんだ料理を注文するなんて、失礼なのである。もっとも、家康の死因には異論があって、ホントは胃の末期がんだったともいう。

「現代の食生活レベルは、江戸時代の外様大名より上」だそうだ。家康がよろこんだタイ料理だが、まあ、やめよう。

また、旧東海道へ。

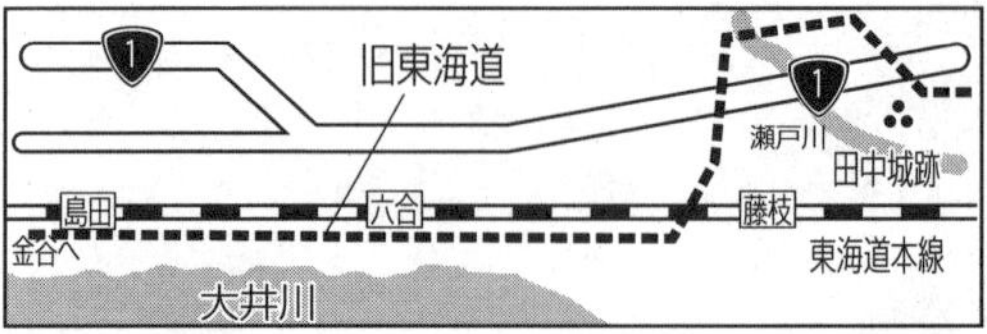

藤枝—島田は9キロ足らずなのに、ぶらぶらして2万歩近く歩いた。道ばたに、灯籠がある。小さな屋形が、朽ちかけている。タイの天ぷらはあきらめて、駅前の総菜店で黄色いおにぎり、染飯（そめいい）を買った。江戸時代の名物である。田中城の近くに流れている小川のほとりで、当時の昼ごはんを味わった。素朴な、庶民の味だった。（玉木）

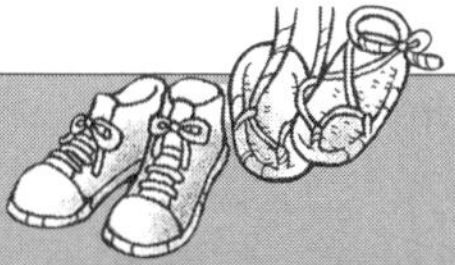

楽しさという点からいえば、「がんばらないウオーキング」がいい。健康のためのウオーキングといえば、「1日1万歩」が日本では決まり文句だ。1万歩は距離にして6〜7キロ、時間にすると1時間半から2時間だろう。これを続けないと、健康に悪いというような心理的な圧迫感で歩いている人がいる。ウオーキング大会では、負けるものかという表情で、先を急いでいる人もいる。それはそれで、楽しみのひとつかもしれないが、ウオーキングに勝ち負けはない。目標のある方が楽しめる、というなら、「がんばらないこと」を目標にしたらいい。健康のためというなら、「1週間に15キロ以上のウオーキング」を軽い目標にしたらいい。ハーバード大学卒業生を10年間、追跡した調査の結果、心臓病による死亡率が低かったのは、この程度の運動をしていた人であった。

意気込み空振り!? 「世界一長い木造の橋」ただいま閉鎖中

うれしいことに、きょうも青空。街道へ飛び出す。冷たい風が、心地いい。こころが弾む。たのしみにしていた木橋を、きょう渡るからだ。ありきたりの橋ではない。大井川をまたぐ世界一長い、木造の橋。ギネスブックに載っている。「ゆっくりいくぞ」と思っても、いつの間にか、ぽんぽん飛ばしている。

日本の都市で、みんなが最も速く歩いているのは、大阪という。次は、東京。一番おそいのが鹿児島で、1時間歩くと、大阪と1000《メートル》差がつく。そんなソーシャル・スピードという、役に立たない話を思い出しながら、足はさらに加速がかかった。

この歩き方が時速でどのくらいなのか、昔は見当がつかなかった。知り合った千葉の公認指導員、雅子コーチが並んで歩く

と「いま時速4・5キロぐらいね」というのを聞いて「スピードメーター内蔵なの？」と不思議だった。

それでも、歩いてみるもんである。2、3日、地図と時計を見ながらいくと、ちゃんと体感できるようになる。もうじき、あこがれの世界一、蓬莱橋が見えるだろう。いま、時速5キロ。ちゃんと、つかめる。

土手をあがった。うれしさが体を走った。スゴイ。なるほど、ギネス。反対側まで約900メートルあるのだが、先がかすんでいる。ここは、日本でたった一つ、橋を渡るのに料金がかかる。「大人20円、自転車30円」とある。横に、ガーン。「閉鎖中」とあった。

世界一の木造橋、蓬莱橋

ぼうぜんとしていると「こわれちゃったんだよ」と、おじいさんの声がした。この橋を守っている、84歳の八木さんだ。「柳の木が流れてきて、脚をやられちゃったんだ」という。

春まで、川を越せないらしい。「箱根八里は馬でも越すが…」というけど、やはり、越すに越されぬのが、大井川なのだ。

冬でも、水量はおどろくほどある。ぼんやりしていられない。江戸のころ、川越えの仕事をした男たちは、雪中でもふんどし一丁、旅人を運んだ。それでも彼らの多くは30、40代で死んだそうだ。たいへんな仕事なのだ。

こうなりゃ、オレも男だ。ヤケッパチ、業務命令だ。「なんとしても渡ってやる」と決心を固め、着ているものを脱ぎ捨て、真冬の大井川へドボン。

というのは、ウソ。寒そうだもん、着替えがないもん。下流へいく。河川敷に、すばらしい道が伸びている。

「うん、マラソンコースって呼んでるよ」という。エンジ色をして陸上競技のトラックそっくり。「災害が起きたら、自衛隊がここを通るんだって。ほんとらしいよ」と、ウオーカーがいっていた。

もう少しで、全長23キロが完成する。そうしたら、公式マラソンレースをするそうだ。さぞ、見ものだろう。そのウレタン舗装のコースを、ぽんぽんいく。金谷まで2万歩かかったのは、遊んだせいである。

あたりの茶畑が、なんだかゆったりした気分を誘う。遠方からみる蓬萊橋は、さながら絵のよう。見るだけで、気分はギネス級なのである。(玉木)

㉓――島田宿

＊蓬萊橋は橋脚が流され、全面復旧は2004年4月の予定。通行料は2003年から大人100円、自転車100円に値上げ。

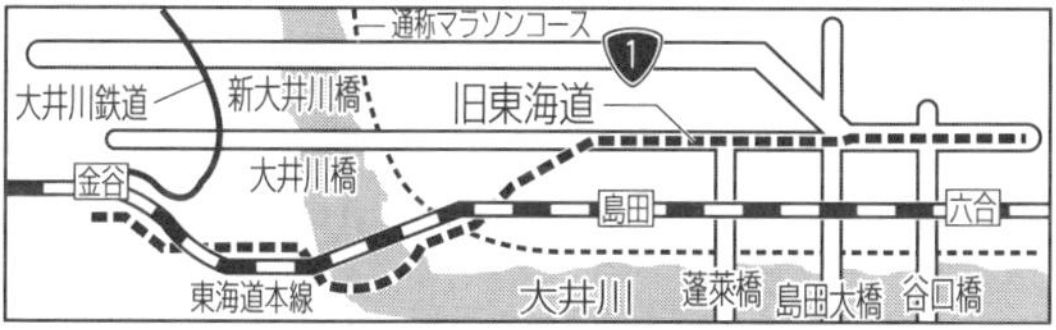

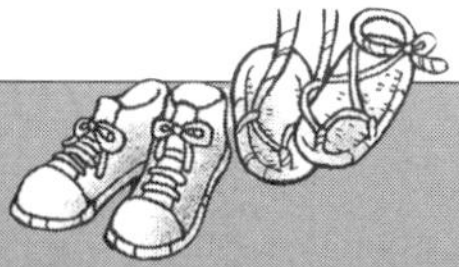

自然に歩いているつもりでも、なかなか美しいフォームで歩く人は少ない。目立つクセというと「体が前傾している」「背中が丸くなる」「左右に揺れる」「内また、外またになる」「足裏の着地、蹴りが悪い」などだ。すべて、合理性を欠いている歩き方である。ケガの後遺症や加齢などで仕方ないこともあるのだが、できれば早い時期に自分のフォームを修正したい。

ムダのない歩き方は、疲れにくいし、ケガをする確率が低い。歩き慣れている人の姿をよく観察すると参考になる。また、他人に見てもらって、意見を聞くこともいい。とっておきは、ビデオで自分の歩き方を撮影することだ。これなら、一目瞭然である。フォームの欠点が見つかれば、意識して修正していく。意外なほど、フォームは直していけるし、身に付くものだ。

二十四

金谷《かなや》宿

最大心拍数の70％を目指して急坂をハアハアゼエゼエ

ひっそりした金谷の町をいく。店をのぞく。

渋い番傘が、1000円である。男、女用ともある。買っていこうか。荷やっかいかな？

おおっ、起毛トレーナーが上下で1900円だ、安いんじゃないか。そうでもないのか？

ん？ ピーナツ3袋詰め合わせ2000円、これは高いんじゃないの。

ヒマつぶしはここまで。金谷坂石畳を、ぽんぽんいく。

「よーし、テストしてみるぞ」と、ポケットに表（別掲）を、しのばせている。次の宿、日坂（にっさか）の前にある2つの急坂で、脈拍数を測定してみたいからだ。

日ごろ、静かにくらしていると、心臓に怠けぐせがつく。

機能が衰え、がんばりがきかなくなるという。ウオーキングは身近で、適度の運動なのだが、健康のために時々、がんばらないといけない。

その目安が「70%の法則」である。最大心拍数の70%。腹は八分目だが、心臓は七分目らしい。70%といえば、ふつうなら走らないと届かない。金谷坂をずんずん、上がった。ちょっと息が切れる。さっそく、脈拍をしらべた。

50代の70%は、1分間135。これが、きょうの目標だが、いま96。まるっきり、ダメ。もっとハアハアしないと、トレーニングにならない。

金谷坂の石畳

次の坂道は、有名な小夜の中山である。その手前に、ゆるやかな菊川坂の下りがある。あたりは、茶畑。古びた電柱の足元に、野水仙が咲いている。地下足袋のおじいさんとすれ違った。自転車を押して、上がってきた。

小夜の中山は西行、芭蕉の歌に出てくる。いくら私でも知っている。名所で、トレーニングもなかろう。まして、心拍数の計測なんてヤボである。ではあるが、五十三次で、ハアハアいう急坂は箱根とここしかないのである。

いくぞ。さいわい、車はこない。きれいな茶畑は、見ないで駆け上がる。しだいに、息がくるしくなる。それでも、飛ばす。「この急勾配は、箱根の山以来だなあ」と、チラッと思った。

今度は、がんばった。中山公園で、どきどきする心臓に、右の手のひらを当て、目は、時計の短針。15秒で29回だ。とすると1分間では4倍して、あれれ116。また、失格である。

もっと心臓をいじめないとならぬ。それにしても、小夜の中山は、登る距離が短い。箱根の旧街道はきつかった。それにくらべれば、小夜の中山は、急坂といってもかわいいものだ。

てっぺんには、茶屋がある。あめ売りが名物だが、開いているのは、週末だけ。その茶屋の前で「もう1回、小夜の中山を登り直そう」と、元きた道をにらんだ。今度こそ、135に上げるぞ。

あとから考えれば、バカそのものだった。名所で、ムキになって脈拍を上げる、そのどこが健康なの？　3回目は132になった。もー、やめた。っ

目標の心拍数　（1分間）					
強度	20代	30代	40代	50代	60代
70%	150	145	140	135	125
60%	135	135	130	125	120
50%	125	120	115	110	110
40%	110	110	105	100	100

たく、いい年をして。

中山を越えると、あたりは再び、おおきな茶の畑。はるか岩峰は、雪の南アルプスである。（玉木）

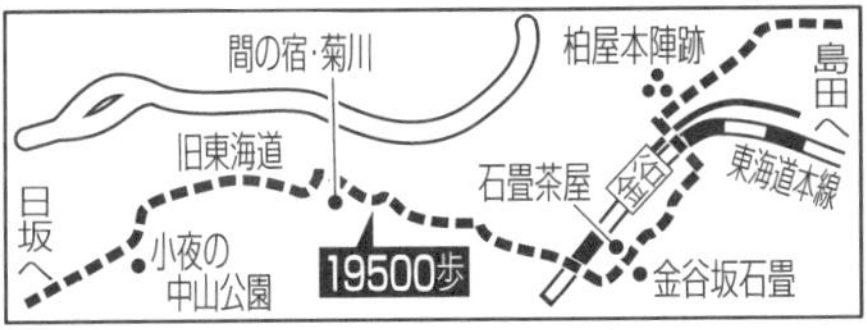

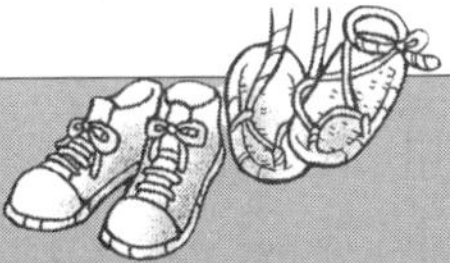

歩くことは、スポーツというより暮らしの一つ。だから、歩き出す前に準備運動はしなかった。歯磨きをするのに、わざわざ準備体操をしないのと同じである。朝、特になにもせず、歩き出していた。そのうち、あれこれ試してみたところ、出発前の準備運動は意外に効果があることが、分かってきた。上半身はともかく、ひざ、足首など足まわりのストレッチをしておくと、長時間、歩いたとき、具合がいい。筋肉の柔軟性が増すからだろう。

ストレッチは、よく使う筋肉の部位をじっくり伸ばす。伸ばしたままの状態で、20秒ぐらい保つ。伸ばす時間が短いと、十分な伸展運動にならない。息をゆるやかに吐き出し、そのときに、少しずつ、少しずつ伸ばしていくことがストレッチのコツである。

二十五

日坂《にっさか》宿

名物ない、絶景ない…それでも楽しい〝昔ながら〟

こうして、旧東海道の古い道を歩いていると、どこか、昔ながらを求める気分になっている。

「カラオケ教室」より、朽ちた土塀がいい。ディスカウントストアより「おだんご、緑茶300円」に、こころが吸われる。都会の競争原理から遠い、やすらぎに身を置きたい気分である。

日坂（にっさか）—掛川を歩いた。いま、その道を思い出そうとすると、日坂の本陣跡ばかり、浮かんでくる。日坂は東海道五十三次で1、2という小さな宿場なのに、なぜ、印象があざやかなのだろうか。

民家に「川坂屋」「扇屋」などの、表札が掛けてあった。かつて33軒の宿屋があったなごりである。

その中に、旅籠と、染め抜いたのれんがあった。格子窓

㉕――日坂宿

いまは休業の末広亭

が、いいねえ。急に、泊まりたくなった。末広亭の玄関で、声をかける。しんとしている。じっと待つ。しーん。ふー。となりへ。

ここは「山本屋」という雑貨店である。たべものもある。店番は、ばあさま。「日坂のみやげもの、ありますか」「みやげものねえ。みなさん、毎日はきてくれないからねえ」「めずらしいものは?」「そう。さのうから、イチゴ大福をつくり始めたの。これですねえ。はかじゃまだ、あんまりやってないと思うけど。もう、やってるかしらねえ」。

ゆっくり、時がながれている。日だまりに、古い時間が忘れられている。

古いといえば、昔から、近藤四郎さんという〝足の裏博士〟は、なぜか、こころに残っていた。ウオーキングをしながら、よく、思い出していた。

こぢんまりした日坂に入る急坂で、近藤さんの5問機能テストをやってみた。まず「足指の5本すべてが、開く?」「足の小指だけ、外側に開く?」―これは、できる。3問目「親指を2番目の指に重ねられる?」―これも、OK。

次ができない。「2番目の指を親指に乗せられる?」。最後の5問目は、歩き方の極意につながる。「えんぴつを、親指を除く4本指でつかみ上げられる?」という。

近藤さんは「シューズを履いていても、地面を足指でぎゅっとつかんで、けり出すことが正しい歩き方」というのである。

掛川へ。日坂宿を出れば、あとは国道1号についたり、離れたりしながら行く。累積標高差は、10メートルもないだろう。

その夜。「泊まっていってほしかったですよ」あとから電話をしたら、末広亭のおかみが、いっていた。「私、ころんでけがしちゃって、あのとき、治療にいってたんです。ひとりで、旅館やってますから、ごめんなさい。お米と、お茶はうまいですよ。料理は、うふふ。まあまあだなってこの前、いわれました」。2食付きで、5500円から。ここも、昔のままである。

日坂は、何があるというところではなかった。名物がない。絶景はない。しかし、五十三次を歩くたのしみは、こんなおだやかな人たちが暮らしている、なつかしい時かもしれない。(玉木)

㉕——日坂宿

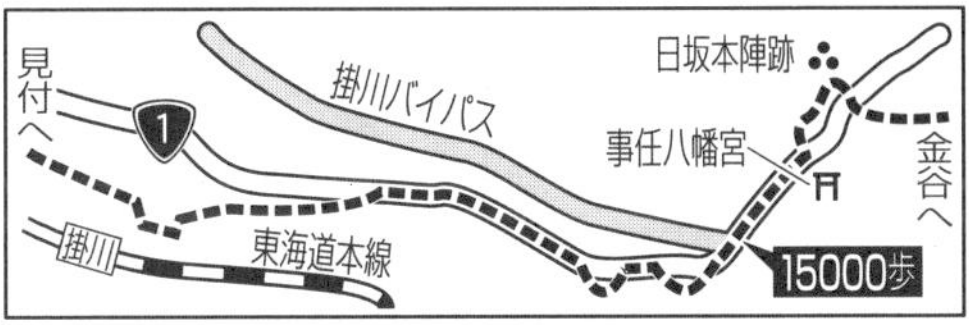

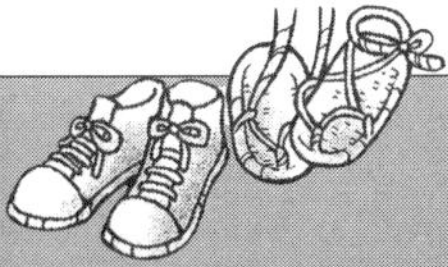

ときに、意識して迷子になるのはおもしろい。ウオーキングはふつう、目的地を決めて歩き出すものだ。着く時間や距離をだいたい計算していく。いざ、気ままに、足の向くままに歩いてみようとしても、最初はこれがなかなかむつかしい。どうしても「方向感覚を失いたくない」「地図にあてはめて自分の位置を確認したい」という気持ちが抜けさらないからだ。

それでも、時間があるときや、遊び心がわいてきたときは、方向、位置感覚を捨てて、さまようことだ。案内図や住居表示は見ない。太陽の方角を気にしない。広い道より、小道に入り込む。そのようにして何時間かいくと新鮮で、しかも新しいたのしさを発見できるだろう。

＊末広亭は２００３年現在、休業中。

掛川《かけがわ》宿

意気投合!!　隣の男も大阪から単身赴任中

「犬も歩けば棒に当たる」が、人間だって歩いたら災難もあれば、幸運にもめぐり合える。それを実感する掛川の旅だった。JR掛川駅あたりで東京からだと右、大阪からだと左に掛川城が見える。妻・千代のヘソクリで名馬を買い、世に出るきっかけを作った山内一豊の出世城だ。

掛川は宿場町というより城下町。駅北口から直進して、突き当たりに1994年に総工費約11億円、日本で初めて木造復元された天守閣がそびえている。地元の自慢のタネだが、突然の雨で傘を買おうと飛び込んだ雑貨屋の女将（おかみ）は「城を作るために市役所や百貨店が移転しちゃって、お客さんが来なくなったよ」と嘆いていた。

城下の「こだわりっぱ」という茶処で名物の茶そば（7

00円）と葛きり（500円）を腹におさめ、急坂の天守閣をヒー、ヒー言いながら登ってい
った。だが今回の旅の目的は城の散策ではない。掛川市領家にある掛川藩主の休憩所だった
「椎の木茶屋」で〝殿様料理〟を食べることだ。一般公募らしいが、城下町で「こだわりっぱ
だの、掛川駅構内にある土産の店「これっしか
処」だという今風の珍名が気に入った。

天守閣が復元された掛川城

駅前のホテルにチェックインして、早速「椎の
木茶屋」に電話をしたら「本日は予約客で満席」
だという。翌日から社長が出張で3日後なら応対
できる、とも。掛川で3日も待つほど時間も金も
ない。

〝殿様料理〟をあきらめ、その夜は居酒屋で一人
寂しく一杯やっていたら、隣に男性が座った。し
ばらくして、言葉を交わすと「大阪・枚方市から
東京へ単身赴任中で明日は接待ゴルフ」だそうだ。
奇遇だ。当方も枚方市から東京へ単身赴任中で、

ただいまヤケッパチ道中。「接待ゴルフ、ええ仕事ですなあ」「その新東海道とやらを読ませてもらいまっさ」と大阪弁ですっかり意気投合して酒が進む、進む。まさに旅は道連れだったが、健康というテーマはすっかり忘れていた。

翌朝9時にホテルを出て、袋井までひたすら歩くことにした。まさに「ヤケッパチ道中」だ。旧街道には違いないが、人けのない民家ばかりだった。掛川を出て2時間30分、垂木川の橋を渡ると、東京と京都の中間地点寺「夏涼山仲道寺」。前方には素晴らしい松並木。これぞ東海道ぞ、弥次喜多ぞ、と心勇んで右手を見れば、なんとそこに「椎の木茶屋」があった。棒どころかこれは大木だ。

ランチタイム中で店に入ると出張前の社長、4代目・伊藤彰さん(51)が応対してくれた。掛川と袋井の間宿・原川で生まれ育ち、東海道にこだわって1993年(平成5年)10月にこの旧街道筋に「椎の木茶屋」を完成させた。「もっと便利で、にぎやかな所でやれ、という人もいたけど、地元の旧東海道に愛着があった」と言う伊藤社長の気持ちがうれしい。藩主が休憩した本家はそこから10分ほどの所にあった。

〝殿様料理〟のえびす膳など懐石料理は夜だけで、ランチの釜飯定食(1100円)を注文した。店内はすべて個室で、窓から松並木が見えた。殿様とまではいかなかったが、家老の気分

㉖——掛川宿

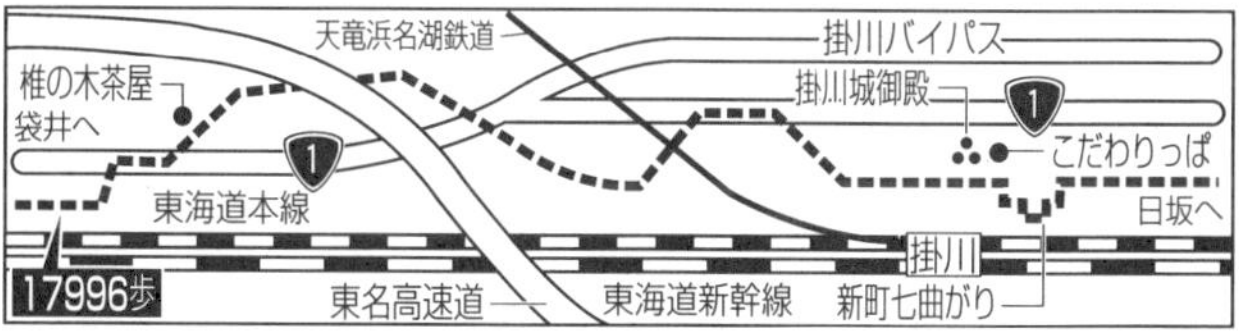

を味わって、袋井までの足取りが弾んだ。（磐城）

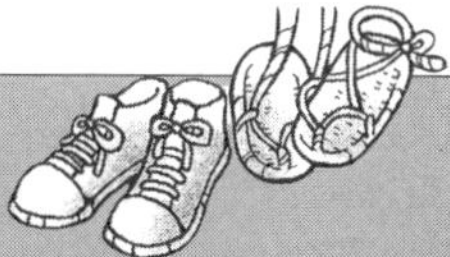

東海道を歩くのにも旬、タイミングがある。宿駅制度ができてから400年目の2001年には各宿場でにぎやかな記念祭が行われたが、今も四季折々にあちこちで昔から続く行事や祭りがある。そうした地元の伝説や伝統を肌で感じるのも楽しい。時間に余裕のある人は事前に調べていけば、また違った宿場を見ることができるかもしれない。

花に興味のある人なら桜（掛川）、カキツバタ（知立）、ボタン（袋井）…と探せば見所がいっぱい。桜前線、紅葉の季節には独特の景色にも出会える。食通ならシラス漁（浜松）、アユ解禁（島田）とこちらも数え上げればきりがない。それぞれの最盛期、旬を満喫しながら散策するのも粋なものだろう。まさに東海道のウオーキングは健康と趣味を兼ねた〝レジャー街道〟なのである。

袋井《ふくろい》宿

驚き「へそ寺」…そうか「此処は街道ど真ん中」

東から来てもどまん中、西から来てもどまん中、とどこかのCMじゃないが、袋井は東海道を江戸からも、京都からも数えて27番目の宿である。宿制400年を迎えて、袋井市民は今、燃えに燃えている。

町並みは天橋から御幸橋まで東西572メートルと東海道で一番短いが、鮮魚店にも、理髪店にも、小さな食堂にも屋号のプレートが張ってあった。歌手の鳥羽一郎まで「東海道」という演歌で「詫びて五十九里　袋井宿よ　此処は街道　どまん中」と歌っている。

驚いたのはなんと「へそ寺」まであった。袋井宿場公園近くの曹洞宗で山号が袋井山（ていせいざん）、寺号が観福寺。7

㉗——袋井宿

東海道の「どまん中茶屋」

９３年（延暦12年）に建立された由緒あるお寺で、御本尊は人の情と母と子の縁、きずなの聖観世音菩薩。袋井の地名発祥の名刹が「へそ寺」になった理由を住職の西垣邦彦さん（57）が苦笑いで話してくれた。

「市民の方から東海道のどまん中にあるお寺だし、母と子のきずなといえばへそ。それならいっそのこと、へそ寺にしたらどうかと、ハイ」。お陰で「へそくりまんじゅう」の和菓子まで売り出された。お寺の周囲には「東海道へそ寺」と書かれた何本もの奉納旗が遠州の空っ風に揺れていた。

　地域活性化のためとはいえ、市民の熱い思いに市役所もバックアップ。東の入り口になる天橋近くに１９９７年（平成９年）１月「東海道どまん中茶屋」を建てた。ボランティアの鈴木文一さん

(70)や藤澤みつえさん(56)らが「ゆっくり休んでいってください」と熱いお茶とほしいもをサービスしてくれた。旅人用の芳名帳はもう2万3000人を超えたそうだ。そこで袋井に「東海道名物男」がいると聞いた。

旧街道筋でクリーニング店を営業する青島政夫さん(61)。地元では結構有名人でテレビや新聞にも登場、東海道はもちろんのこと全国の25街道をすでに歩いたとか。もらった名刺には「袋井宿の見張番」とあった。クリーニング店だというのに、玄関には街道の写真やあちこちで集めた約200個のバッジ、おまけに配達用の車のボディーにも「東海道五十三次」とペイントしてあった。

青島さんが街道歩きに興味を持ったのが10年前。2001年(平成13年)4月には地元新聞社の依頼で「わらじの耐久テスト」までやった。一足で1日30キロを歩いたそうだ。「全国には数えきれないほどの街道があるんですよ。何で、と聞かれてもうまく言えないけど、100街道制覇と日本列島横断が目標です」と仕事そっちのけで、話はまだまだ続いた。

お礼を言って退座しようとしたら、奥から「東海道袋井宿通過証明書」なるものを持ってきてくれた。この日は掛川から袋井まで歩数計で1万7996歩、距離にして約11キロ。自分ではかなり頑張ったつもりで、通過証明書にその数字を自慢げに書き込むと青島さんが「たったそ

㉗袋井宿

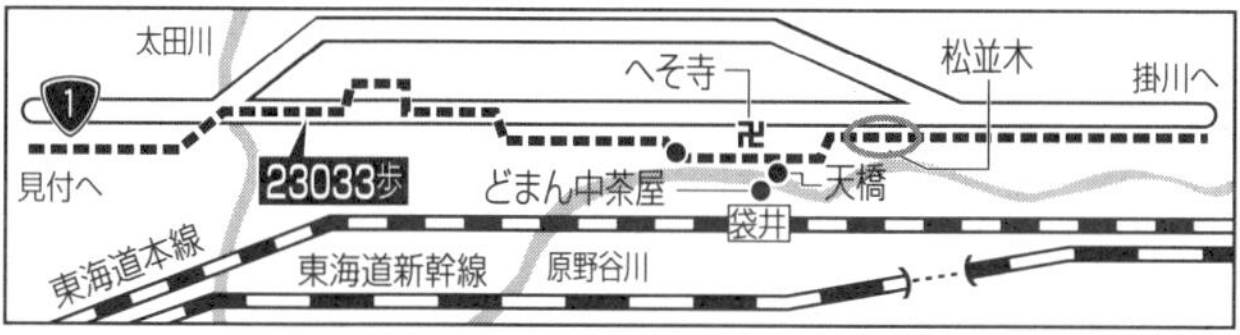

れだけ」とニヤッと笑ったように見えた。「どまん中の宿」で出会った「へそ寺」や61歳のおやじに脱帽だ。（磐城）

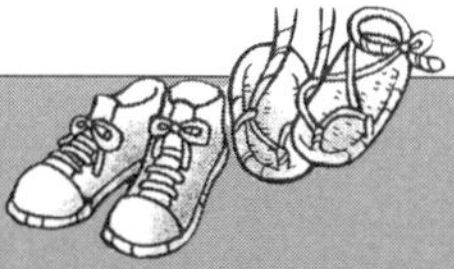

カメラを持って歩いている人が多いが、絵心のある人ならスケッチブックだ。安藤広重の「東海道五十三次」は浮世絵美術の傑作だが、当時はむしろ旅のガイドブックとして親しまれていたという。ならば現在の東海道を自分で描いてみてはどうか。好きな景色もいいが、おなじ描くのなら「平成の広重」になろう。もちろん描く場所は広重と一緒だ。

馬や駕籠（かご）の絵は現在では車、かつて宿場の家並みはビルになっているはずだ。松並木がイチョウやケヤキになっているかもしれない。意外と当時と似た景色もあれば、まったく昔と違う景色のところもあるだろう。その自分で描いた絵を、広重の絵と並べてみるのもおもしろい。絵の苦手な人は写真という手がある。「東海道五十三次今昔」。工夫すれば東海道が10倍楽しくなる。

主人けしかけ「市長になってスッポン鍋語り継げ」

深夜の午前2時、とうとう女将から〝解散命令〟が出た。ここは見付で1800年（寛政12年）創業の老舗割烹旅館「大孫」。男どもは午後7時からスッポン鍋を囲み、冷や酒をグイグイ飲んで、もう7時間もワイワイ、ガヤガヤとやっているのだ。

「旅は道連れ、世は情け」は遠い昔の話だと思っていた。だがまだまだニッポンは捨てたものじゃない。事前に「大孫」に電話をして、取材の趣旨を説明すると主人の6代目、米沢康年さん（51）が「面白そうですね、やりましょうよ」と気持ち良く引き受けてくれた。それが見付に古くから伝わる「泥亀料理」（スッポン鍋）だった。

最古の木造洋風小学校

見付には昼ごろ着いたので、しばらく町並みを散策した。宿名は京都から江戸へ向かう旅人が初めて富士山を見つける場所から、だという。1875年（明治8年）に建てられ、現存する最古の洋風木造小学校は町の中心にあった。名物の「遠州の空っ風」をまともに受けて、約束の時間まで散策を続けた。

フィルムを買おうと立ち寄った西坂三光堂カメラ店の店主、水野光治さん（85）は「ワシはこの見付で生まれ育ったけど、スッポン鍋のことは知らんねえ」と言う。遅い昼食を取った霜トそばの本家「三友庵」の11代目、高垣明生さん（32）も「見付はそばとうどんですよ」と譲らない。

いささか不安になったが、午後5時に「大孫」に入り、一番風呂をいただいて7時に集合がかかった。席には話を聞いて地元誌の編集長・小林佳弘さんが神戸の原酒を、酒屋の社長・大橋孝久さんは会社の地酒を持ち込み、元信用金庫支店長の小杉和久さん、社会保険労務士の加藤光久さん、「大孫」の主人・米沢さんと記者の6人が酒盛りを始めたのだった。

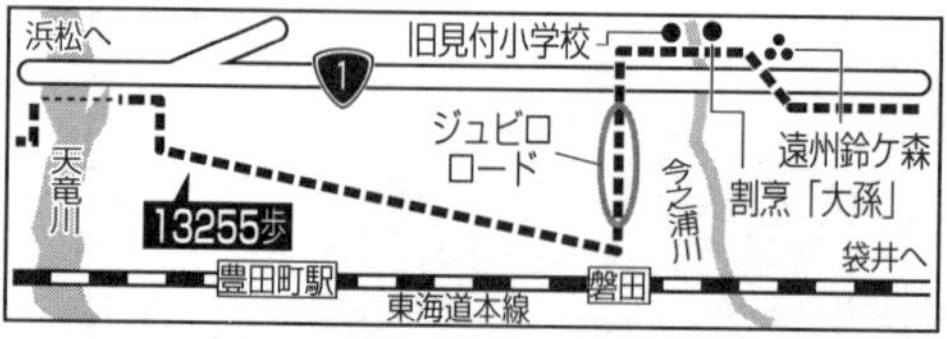

　スッポン鍋を前にして郷土史に詳しい小林さんが説明してくれた。かつて宿場南側の今之浦で泥亀と呼ばれたスッポンがたくさんいたが、毒があると見付の人はだれも食べようとしなかった。それを1780年代（天明時代）にのどに瘤（こぶ）のある物ごいがやってきて、鍋にして旅人に売ると大繁盛、大金持ちになったそうだ。そういえば「梅翁随筆」（著者不明）にも「東海道見付宿に瘤がすっぽんとて其名高し」とある。

　なんともいえないスッポン鍋を味わい、最後は雑炊で締めた。ところが「こういう見付の伝統を我々が守っていないのが悔しいんです。反省もあります」と米沢さんが切りだして、宴はさらに盛り上がった。見付を語る資格のない記者までが「それなら市会議員、いや市長にでもなって、そういう環境を作ればいいじゃないか」などとけしかけると同席者が「そうだ、そうだ」とやって、時間はあっという間に過ぎていった。酔った勢いとはいえ、今から思えば失礼千万であった。
翌朝、女将に非礼をわびた。米沢さんは竹かごに卵焼き、焼き魚、おにぎりなどが入ったユニークな宿場弁当「ひざ栗毛」（900円）を作っていてくれた。見付で人の優しさと情を見つけた。（磐城）

㉘——見付宿

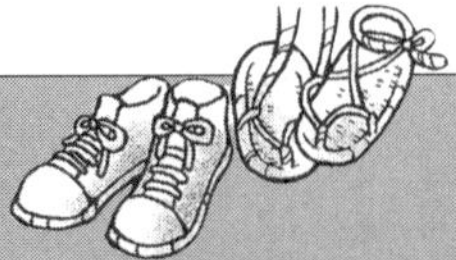

ウオーキングするときは必ず帽子をかぶろう。それも、つばのついた帽子がふさわしい。夏なら日よけになるし、雨が降れば雨よけにもなる。雨が目にはいると一瞬、視界がさえぎられて事故を起こしかねない。

さらにいえば、深くかぶれる帽子がいい。時期によって、遠州の空っ風は中途半端じゃない。いつぞや帽子を飛ばされ、大型トラックがビュンビュンと往来する国道まで転がっていった。左右を確認してなんとか手に戻したが、そんな危険な目に遭うことだってある。

冬場は耳まで覆う毛糸の帽子だろう。たとえ真冬でも歩き始めると体中は暖まるが、顔や耳は直接、冷たい風があたるからつらい。たかが帽子、されど帽子。旅を快適に、事故を起こさないためにも帽子にはこだわりたい。

浜松宿《はままつ》

心臓に悪いよ!! 懐具合を気にしながらの芸者遊びだ

今回の旅は変身といこうか。浜松は武士、舞坂は商人、新居では女性にふんした気分のお遊びと思いあれ。時代は寛政。江戸詰めから西国の故郷に左遷されて帰る侍が浜松に向かった。

天竜川橋の浜松側はすぐに「振り分け」の中ノ町。地元も知る日本のへそだ。浜松は五十三次の江戸と京都の中間。JRの東京—浜松、京都—浜松の運賃は4310円で同額。治水事業の功績者、金原明善の生家で管理人のおばさんは「日本のへそ? 昔のことでしょう。今は子供が東京に出ていく町」とにべもない。

宿場まで実に遠かった。途中、4、5本の松並木。ただ歩くだけだ。東京をたつ前日は寒波で雪。心配した天気も青空の日本晴れ。左遷されても、天は味方の心はニシキだ。

㉙——浜松宿

アクトタワーが見えてきた。名所の地上185メートル、45階の展望回廊に上った。家族連れが騒ぎ、アベックはキスしたり。風紀をただした寛政年間ならお縄だぞ。急にむなしくなって分速150メートルのエレベーターで急降下した。腹が立つと腹がすく。浜松駅まで1万4534歩（9・4キロ）。駅前のうなぎ専門店「八百徳」に駆け込んだ。

うなぎ2段重ねの棚盛りをパクつく。相席の若者が同じ品を食べる速度に驚嘆した。1日平均200食出る若者向けのお櫃（ひつ）うなぎ茶漬がヒット商品で「うな茶を食べてはしかったな」という4代目当主・高橋徳一さん(51)にうなぎ料理のうんらく、街道の説明を受け元気回復だ。

浜松城。手前の木にリスが生息

さて、浜松といえば芸者だ。かつては二葉遊郭が栄え、またどこでもお供するステッキガール発祥の地。東伊場の料亭「聴濤館」で芸者さんを頼んだ。やって来たのが幸子さん。料亭の女将戸田玲子さんと2人を相手に清水の舞台から飛び下りる心境である。

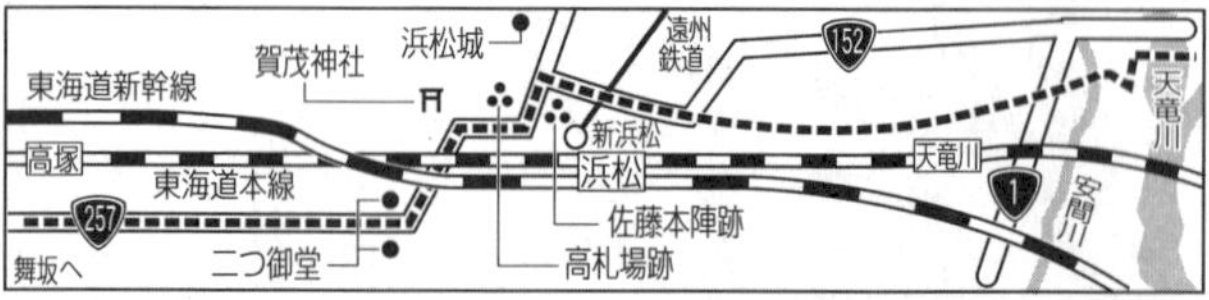

自分でも情けない侍と思うが、いきなり料金を聞いた。花代だ。幸子さんによれば「30分を1本と数えて基本の2時間なら4本だけど、予約のお約束料の2本がなぜか余分に付くの」。フムフム、30分延長で2万３００円か。事前に調べた赤坂芸者と大差はなかった。で、何をしてくれるの？「踊りに三味線や鳴りもの。芸者1人というのは珍しいわねえ」こんな調子で日本酒を差しつ差されつ、ひたすら会話が弾んだ。

静岡の県民性は開放的で女性は押しの一手で落としやすいと、付け焼き刃の話題を向けると、27人いる浜松芸者の全員が他県出身だという。「私？ 函館から流れてきたの。北海道出身は13人いるのよ。でも浜松は日本のへそだから、東西に負けない心意気よ」。酒が進むほどに会話も和らぐ。参考までに、教わった美人のランクを披露しよう。〈1〉佳人〈2〉麗人〈3〉美人〈4〉並み〈5〉ブス〈6〉おへちゃ。ブスも〈1〉めだかブス（救いようがない）〈2〉一円玉ブス（これ以上崩しようがない）〈3〉箒（ほうき）ブス（思わず吐きたくなる）〈4〉潜水艦（波の下）〈5〉太陽（目が痛くなる）。50ン歳の幸子さんを相手に、ほろ酔いに。だが財布の中身を心配しながらは心臓には良くないものでした。

一夜明ければ浜松城に立っていた。朝9時。寒風を受け、天守閣から城下を眺めると身も引き締まる。別名出世城という。徳川家康も歴代の城主もここを足場に出世した。さあ、先を急ごう。舞坂宿に着くとこの行程の合計が2万8118歩、18・2キロ。すっかり武士の気分は消えていた。（大島）

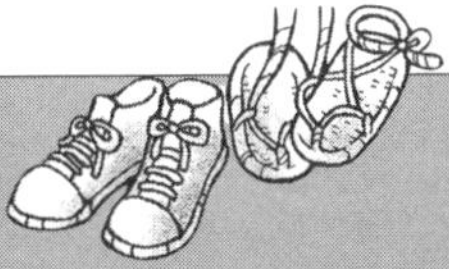

風邪を引いてしまい、鼻はグズグズするし、のどアメをなめながら悪戦苦闘したことがあった。そんなとき、水分補給に役立ったのがペットボトル。何本飲んだことか。暑さとのどの渇きに耐えられた。

流行のリュックサックには携帯電話用とペットボトル用の小袋がちゃんと着けられているが、手提げカバンを持って歩いた当時、片手にはペットボトルの旅だった。ジュース類ではなく水、お茶、麦茶といった種類に加えて私の場合は清涼飲料水（ポカリスエット）を愛用した。ブドウ糖が入っていて疲れが取れる。

暑さをしのぐには大きな保冷剤が効果的だとか。冷蔵庫でカチンカチンに凍らせ、リュックサックに入れて歩くと適温になる。それを首に当てながら歩く。女性の知恵だ。脱水症状は高齢者の敵。水分補給は忘れずに。

舞坂《まいさか》宿

商人気分…「清水一家の富五郎」で町おこしできないか

茶店（喫茶店）を見つけた。やれやれ助かった。満杯のぼうこうが悲鳴を上げていたのだ。なにせ気分は商人の舞坂入り。商売の参考には土地のことは地元の人に聞け、小用も足せる。一石二鳥だ。宿場の入り口の約７００メートルに黒松３４０本の美しい並木道もそこそこに茶店へ駆け込んだ。

「食べてとろけるうなぎは浜松よりうまいよ。カキの養殖、観光、シラス、河合楽器。あとは何かなあ」店の客４、５人が集まり、中には料理屋に携帯電話で調べてくれる親切なおじさんもいた。次の情報収集はお役所。先の宿・新居まではアッという間に過ぎてしまう宿場なのだ。

江戸時代、対岸の新居までは舟渡しで浜名湖を渡った。この

3月に渡しの復活が計画されているのは調べていた。見付の石垣、伝左衛門本陣跡、徳右衛門本陣跡を横目に、北雁木（がんぎ）跡に着いた。全国でも唯一現存する渡船場だ。街道の裏側の国道沿いにある町役場に向かった。

経済観光課の鈴木五十広課長（当時）は2000年（平成12年）11月に発足した舞坂宿案内人の会のメンバーでもあった。舟渡し復活計画は3月3日に第1回をスタートさせる予定で、6～8人乗りの瀬渡し船を使うが料金や運航時期などを新居側と交渉中だった。

船着き場だった北雁木跡

意外な事実をいくつか知った。浜名湖はうなぎ養殖で有名だが、それを伝えたのは出張の途中の東京・深川の養殖業・服部倉治郎であること、海苔（のり）養殖を教えたのも、江戸時代の信州の商人・森田屋彦之丞が商用の途中だったそうだ。昔の商人は偉かったなあ―と感心していると、鈴木さんが取っておきの人物を口にしたのである。

　その人は舞坂の富五郎だった。無名の人物といえよう。だが、清水一家28人衆の一人と聞いて胸が高鳴った。大政、小政、桶屋の鬼吉、森の石松…。何番目に出てくるのだ。「ほとんど資料はありません。江戸末から明治にかけて舞坂に住んでいたらしい」鈴木さんは今後も調査していくといい、墓石が森田屋彦之丞と同じく、宝珠（ほうしゅ）院に建てられていると教えてくれた。それっ、後戻りだ。脇本陣の並びに走ったのである。

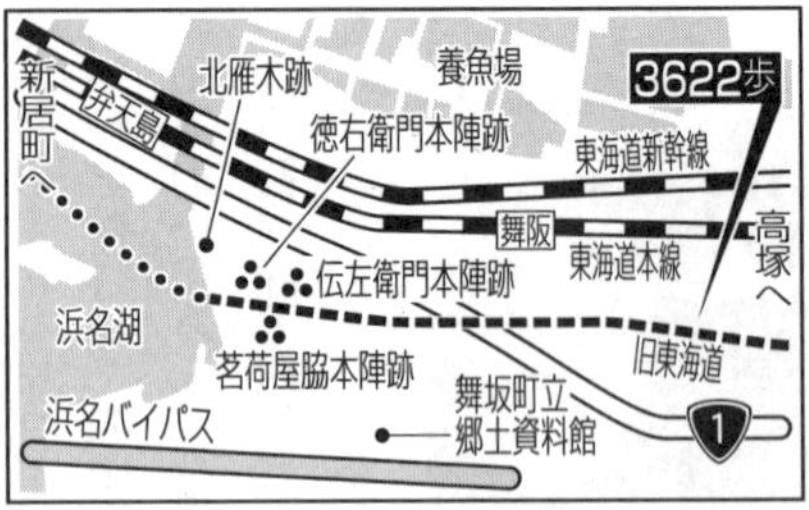

　墓石はコケが付き、ボロボロに欠けている個所が多いが本名・原田富五郎、明治12年12月5日に死去したなどが辛うじて読めた。片桐三之（さんし）住職が「参拝する人は年に1人いるかどうかかな」と墓石をさすりながら彫ってある文字を読んでくれる。町おこしにこの人物がひと役買ってくれないものか。ない知恵を絞る即席商人のつもりだ。
　街道に戻り、弁天神社で「天の川　浜名の橋の　十文字」という正岡子規の句碑を書き留めると、もう宿はずれの弁天島駅。わずか3622歩（2・4キロ）で到着した。
　ホテルで足を休ませ体重測定したところ65キロ。出発前1週間と同じ。

少しも変わらないなと考えていると、思い出したのが鈴木さん。舞坂の富五郎をサカナに夕食に誘ったところ、仕事を終えて合流する手はずになった。

鈴木さん行き付けの居酒屋を2軒、はしごだ。野趣あふれる焼いたカキは結構いける。本当は名物のすっぽん料理を食べたかったが、浜松で散財したツケだ。しかし、安い、うまい、安心は商売の鉄則と再確認したのである。（大島）

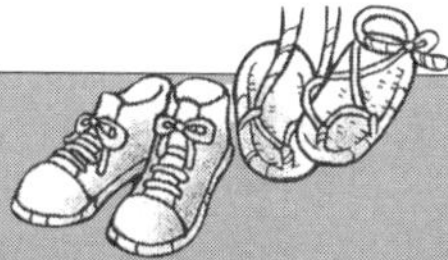

取材ノートを引っ張り出したら、ちゃんとメモが残っていた。「実は尿意をもよおして我慢の限界だったのだ。ちょうどそのギリギリの時、舞坂宿の入り口の松並木に着き、見つけて飛び込んだのが、喫茶店だった」。コーヒーを注文すると同時にトイレに駆け込んだ記憶がある。

出もの腫れもの所嫌わずという。まして前夜にお酒を飲みすぎた場合、困ることおびただしい。また、歩くとおなかが減って良く食べる。その結果、便秘になる。そして下痢にもなる。私は喫茶店にお邪魔して雑談をしたが、東海道には「道の駅」というお店が多く建っている。ここを利用する旅人は心得のある人。お寺、神社仏閣、公共施設でお手洗いを拝借するのもいい。ガソリンスタンドを利用するのは余程の場合らしい。朝起きて事を済まそう旅の宿ー。

新居宿《あらい》

空腹に勝てず寄り道…名物のうな重をパクつく

気分は女性で通る新居宿とはいっても商家の娘、長屋のおかみさんでもなかろう。ここは池波正太郎・作「剣客商売」で男装の女武芸者、三冬（みふゆ）といこうか。田沼意次の娘だから、寛政時代とほぼ同じ。恋する秋山大治郎を追っての新居入りである。

新居といえば関所。今も建物が残っているのは新居だけ。しかも「入り鉄砲に出女」とかで、江戸に住む妻子が国元に逃げだす〝出女〟を厳しく取り締まり、箱根と並ぶ最重要関所だった。弁天島をたって橋を二つ渡ると、新居駅だ。

関所に差しかかる手前、浜名橋の両脇に鉢植えがすき間なく並ぶ。女心にはうれしい心遣いではないか。芳名帳に名前を書く。1番乗りだった。願いがかないそうな気持ちになる。

㉛——新居宿

現存する新居宿の関所

この関所正面の右脇はかつては船着き場。2000年12月から調査発掘中で、2月まで続けるという。欠けた瓦、茶わん、俵などを掘り出していたおばさんが手を止めて「今の女性が元気かって？　フン、そうかねえ」臨時職で必死に働いている感想なのだろう。

不審な女性を調べた女改（おんなあらため）長屋ものぞいた。実は関所を見る前に予備知識を得ていた。舞坂編で紹介した役場の鈴木五十広さんが「ぜひ訪ねなさい」と教えてくれた山口燃料のおじいちゃんからである。関所に近い自宅を訪ねて、肝を冷やした。プロパンガス販売の山口幸洋さん（65）は静岡大学人文学部教授を務めた文学博士だった。「厳しい改めといっても女をニンジン、ダイコンといってそっと通してあげた記録もある。新居は江戸時代から無火事、無盗賊の地で、人殺しがいない一方、覇気がない」など熱心に講義をしてくれた。

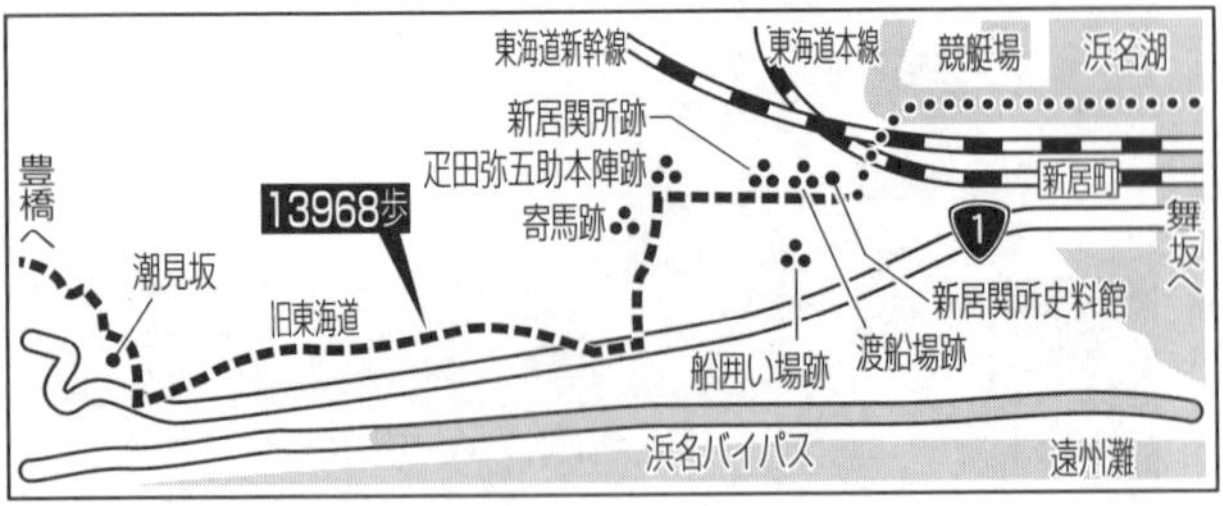

女武芸者は従って、堂々と関所を通過したのである。

関所を西に向かうと宿場に入る。本陣跡をテクテク歩き、一里塚跡を曲がったすぐ角の民家におじゃました。漁師の山本隆史（りゅうじ）さん（52）は浜名湖のあさり、うなぎの稚魚・シラスなどを採るほか、4月から8月のシーズンには観光客を乗せたチャカ船と呼ぶ渡船の船頭さんで、今年の組合長だ。約束していた対面とはいえ馬が合うとはこのことか。3時間近くも話し込んでしまった。

「何が面白いって、たきや漁が一番。夜、浮いてくる車えび、わたりガニをお客さんがタモですくう。なんちゅうのかなあ、金もうけにならなくても自分でも行くくらいだ」。漁場を決める方法が独特。すべてクジ引きで、例えば１００人なら数字を書いた１０１本のクジにひもを付け、最初に引いた理事長のクジが50なら、51の人が一番いい場所になり、49番が最悪となる。この日は深夜1時から明け方6時近くまで、シラス漁をするという。元気なお父さんにパワーをもらうと空腹感が襲ってきた。延々と続く松並木の途中から国道に寄り道。「かねはち」でうな重を食する。新居のかば焼きは江戸時代から東海道の二大名物の一つで知られた。弥次喜多の2人もこの宿で足を休め、腹を膨らませている。街道に戻ると、もう一直線の田舎道だ。まともに受ける遠州の空っ風も、歩幅を伸ばせば耐えられる。火鎮神社だ。ここまでが新居宿。1万3968歩。女武芸者に変身したつもりが、ただのおじさんに戻っていた。（大島）

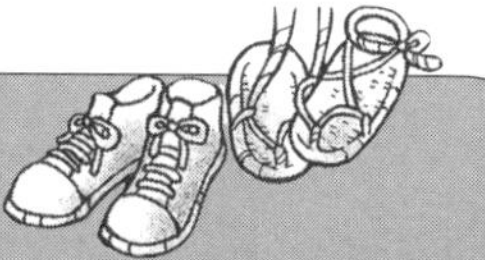

一人旅は気ままでも心細いものだ。2人連れ、あるいはグループにしても仲間の突然の病気は慌ててしまう。五十三次の旅では急病人と遭遇したことがある。「ぼうこう炎になって、痛くてたまらないので救急車で病院に行きたい」と言いだしたのは、埼玉・熊谷からきた5人連れの老年男性。残る4人は女性。旅館のご主人が車で真っ暗闇の夜道を運んだ。親切な人に当たれば幸運だ。

旅行会社が企画した五十三次ツアーでは団体保険に加入(1日・100円程度)する。持病のある人は常備薬（私の場合は漢方薬）の携帯は当たり前だが、今では街道沿いにそろい始めたコンビニでも薬を買い求める場合が多いらしい。歩く旅は土地の名物を試したくなるのは道理。常識とはいえ食べ過ぎず・飲み過ぎず。旅は健康管理から始めよう。

白《し》須《らす》賀《か》宿

先回り大名行列激写作戦…2時間待ちぼうけ

ＪＲ新居駅前からタクシーに乗って、白須賀宿の東端の潮見坂に向かった。前夜の激しい雨が上がり、空はからりと晴れた。

「下ニー、下ニー」

はて、気のせいか。いや、空耳ではなかった。潮見坂の手前で、大名行列に出会ったのである。この連載にこれほど、マッチするものはない。１５００円払って、タクシーを捨てた。東海道４００年祭のイベント「白須賀宿場道中揃（そろ）え」の行列で、衣装や化粧も本格的だ。

行き先は潮見坂のてっぺんの歴史資料館「おんやど白須賀」前の広場だった。いい考えが浮かんだ。先回りして坂

の上からこの行列を激写しよう。浮世絵で見る構図だ。

潮見坂は両側を山にはさまれ、昼でも薄暗い小道だった。勾配は急で、自転車をこいでは上れそうもない。持ってきた傘をツエ代わりに歩く。広場まで約600メートル。急坂のため、歩幅が狭くなるのか、1030歩も要した。撮影する場所を決め、丸太に腰掛けて時間を過ごす。崖（がけ）の途中のやぶの中に、三脚とカメラ持参の年配の方が座っている。どうやら狙いは同じ。崖の上と下で会話を始めた。

カメラ歴30年。会社を定年退職したとき、退職金のすべてをすし屋を開店する息子さんにやり、年金で趣味の世界を満喫しているという。年齢を聞くと「まもなく米寿（88歳）ですよ」という返事がかえってきた。崖に上がるけもの道を教えてくれたが、自信がないので遠慮した。

潮見坂を練り歩く大名行列

高齢化が進み、さまざまな問題が起こっているこの時代、こういうシャキッとした元気な老人に出会うとうれしくなる。息子さんの店の屋号と場所を教えてもらい、機会があれば、寄ってみようと思った。

行列が来ない。坂を１００㍍ほど下った見晴らしのきく所に3度足を運んだが、気配がない。坂下から車を運転してきた主婦にたずねると「あの行列、いなくなっちゃったんですよ」という。２時間の待ちぼうけ。老人に別れを告げると「ここのからっ風は切り干し大根がすぐ乾くほどきついから、気をつけて行きなさいよ」と励まされた。

広場では人だかりができ、反対側から大名行列が来た。旧街道ではなく、国道をバスでう回し、峠に到着したのだった。軽装の若い女性に事情を説明すると「まあ、かわいそう」といって、崖で辛抱強く待っている老人を呼びに走った。捨てたもんではない。

１８６８年（明治元年）、明治天皇が行幸の際、大感激したという雄大な遠州灘を眺め、先を急ぐ。本陣跡も脇本陣跡も石柱だけではあるが、町並みは往時の名残をとどめ、火事の延焼を防ぐ火防樹のマキの老木も静岡県では唯一残っており、なかなかの風情だ。道の真ん中を堂々と歩くことができる宿場も初めてだった。

㉜——白須賀宿

やがて街道は国道1号に合流、静岡と愛知の県境を越すと、キャベツ畑が広がる。この辺から二川宿まであの老人に教えられたからっ風に悩まされることになる。ほおはピリピリ、口の中はジャリジャリ。たまらず、傘をさしたらあっというまにジョウゴになった。真っ昼間なのに、火の用心の拍子木を打ち鳴らして回る男性を2人も見かけた。からっ風の脅威を身をもって体験したのだった。(浜田)

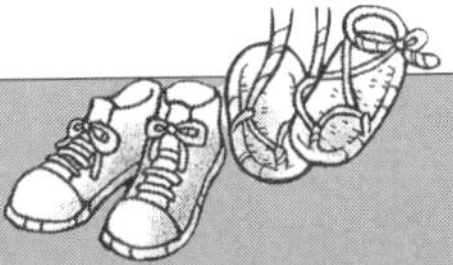

同じコースを夏と冬2度歩いたことがあるが、夏に歩いた時は脱水症状みたいになり、途中からバスに乗った。エネルギーの消耗もひどく、体にもあまりよくないのではないかと思った。そういう意味からも晩秋から初冬にかけて歩くのが意外といいのではないかと思っている。

冬歩くとき、絶対気をつけなくてはならないことがひとつある。それは北風対策だ。ダウンを来ておけば、寒さは平気だが、問題は目である。小学校の先生とたまたまいっしょに歩いたとき、先生が時々、後ろ向きになって歩いているのに気がついた。聞けば、ホコリがコンタクトをしている目にはいり、痛くてしょうがないということだった。こちらは近眼だが、メガネをしているから平気だった。コンタクトを使用しているひとは、冬はメガネも持ち歩いたほうがいいようです。

三十三 二川《ふたがわ》宿

激しい雨…いざ浜名湖競艇! ルンルン高配当

天気予報が当たり、週末、東京に雪が積もった。早朝、寒波から逃げるように新幹線に乗ったまではよかったが、豊橋は激しい雨だった。東海道線に乗り換え、新居駅で降りた。

ここは浜名湖競艇場の最寄り駅で「新鋭王座決定戦」の真っ最中。うん、雨宿りには都合がいい。人の流れに乗って、鉄火場に入った。やけっぱち道中は業務命令ではあるが、羽目を外さなければ「飲む、打つ、買う」が許されているのである。

6レースの発売中だった。競艇はまったく知らないので、本紙の売り物「ラッキーをつかめ!」の幸運数を見る。4と5。無条件で〈4〉―〈5〉と〈5〉―〈4〉の舟券を買った。

「今日は朝から1ばっかりきやがって。兄さん、配当は安いけど、このレースも1で決まりだよ」隣に立っていた一杯機

㉝——二川宿

嫌のおやじさんが講釈を始めた。こっちはなにも知らないから、参考になる。ギャンブル場で、この手合いが勝つことはまずない。よって、たいがい1は飛ぶ。

発走。おやじさんの予想に反して、最初のターンは〈5〉—〈3〉だった。ところが、2マークで3号艇が波と風にあおられて脱落、4号艇が2番手に浮上したではないか。高配当。なんたる幸運だろう。ギャンブルの鉄則は勝ち逃げ。場内の食堂でキツネうどんをかき込み、ルンルン気分で競艇場を出た。

江戸時代を再現した本陣

駅前で待機中のタクシーに乗った。目的地は白須賀の潮見坂である。雨脚は一段と激しく、横殴りになり、ときどき稲光が。

「これから潮見坂を歩くんだけど」

「あの辺は昼でも薄暗い山道だよ。お客さん、絶対に無理。またにしたら」

運転手さんのいう通り、またにしよう。白須賀をパスして、二川（ふたがわ）宿の本陣へ行くことにした。タクシー代4540円。

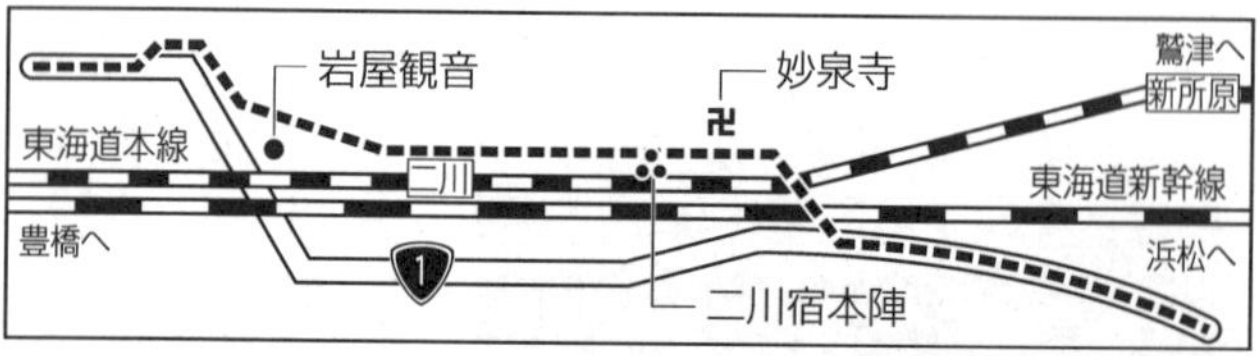

この宿は現在でも江戸時代の町割りがそのままの状態で残っており、本陣も復元された。旧本陣の当主が遺構の永久保存を願い、屋敷地を豊橋市に寄付したという。本陣が昔ながらに残っているのは五十三次では草津宿とここだけである。入場料300円。本陣に隣接する資料館はさまざまなものが展示され、ビデオで解説してくれる。ここで予備知識を仕入れ、本陣へ。お殿様の休憩場所だった上段の間や玄関、台所など当時の本陣の全容を見学することができる。

面白いのは雪隠（せっちん）。高さ80㌢《チセン》くらいの四角い賽銭（さいせん）箱みたいで下部に汚物を受け止める引き出しがついている。殿様は、お姫様は、さあ、どうやって大便をするのか。いろいろ想像してみたが、分からない。江戸時代のトイレはどう見ても、不便だ。床暖房をした茶室で抹茶をいただいた後、タクシーを呼び、二川駅に出た。この宿場には結局、2時間半滞在した。歩数計は440歩。歩いたのは本陣内だけで、距離は約300㍍《メートル》。こんな日もある。

冷たい雨だ。豊橋のホテルをキャンセルして、浜名湖にある弁天島温泉のホテルを予約した。競艇場で幸運に恵まれたこともあり、食事は近くの割烹を紹介してもらった。すっぽんのフルコース（生き血、心臓、肝臓、空揚げ、鍋、雑炊）。そして、この道中初めての温泉。体中に生気（精気）がみなぎり眠りについたその夜半、なんとよからぬことが起こり、一度、目が覚めたのだった。（浜田）

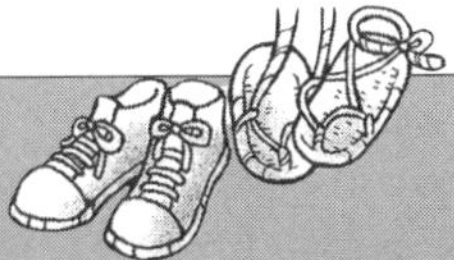

トイレ休憩は郊外のパチンコ店がグッドなことはすでに書いた。スケジュールがあらかじめビシッと決まっている団体ウォーキングでは無理だが、ひとりで勝手気ままに歩くときは喫茶店なんかよりはるかにゆっくりくつろげる場所があるのです。それはどこか。公立の図書館だ。東海道を歩くにあたって、基礎知識を仕入れるため、母校の大学を訪ねた。卒業年次と学部、名前を名乗ると、銀行のキャッシュカードのような通行証を発行してくれた。

踊り場でカップルがいちゃついていて、気分を害したが、フロアはだだっ広くて、空調がしっかりしていて、静か。1人用のデスクではうつぶせになっている学生もいた。これがヒントになった。夏や冬に歩くひとは休憩場所に公立の図書館を勧める。その地域の情報を効率よく集めることができるし、場合によっては仮眠もできるのです。

三十四 吉田《よしだ》宿

下見もしました。うなぎ食いたさ1万2200歩

豊橋駅東口から、最近では珍しい路面電車に乗り、2つ目の停留所「札木」で降りた。午前7時半、吐く息が白い。東西に延びる道路が旧東海道で、信号を西に渡った所に「吉田宿本陣跡」の石碑があった。

これまで歩いてきた宿場の本陣跡は「ははーん、これか」で終わりだったが、ここは、そうはいかない。うなぎ料理の老舗「丸よ」がひかえているからだ。ここに、2つあった本陣のうちの清洲屋があったことから、「丸よ」が豊橋市教育委員会の協力を得て、石碑を建てたのだった。歴史も残り、商売の宣伝にもなる。一石二鳥とはこのことだ。もちろん、まだ、のれんはかかっていなかったが、下見だから、かまわない。

㉞——吉田宿

本陣跡石碑とうなぎの「丸よ」

前夜、いちげんで飛び込んだ豊橋駅前の居酒屋で、珍しい酒に巡り合った。「さしみ酒」。マスターによると、ノンフィクション作家・軍司貞則さんが旧知の間柄だった豊橋市の酒造会社の社長に働きかけ、99年に発売開始されたれっきとした銘柄の大吟醸。刺し身にも合う「ワイン感覚で飲めるライトでさっぱりしたお酒」（軍司さん）が売り。

この酒はグラスに注いで、冷凍庫で5分間、冷やしてから飲む。肴（さかな）は大きめのタイのあら煮に決めた。はっきりいって、何杯でもいけたが、歩く旅人という職業柄、ほどほどにした。

酔いざましに歓楽街をぶらぶらした。松葉通りという豊橋の歌舞伎町に足を踏み入れる。10歩も行かないうちに男の呼び込みがそでをつつく。歩数を数えてるため「どけっ」というと、悪態をつかれた。やばい。酔った勢いはよそう。次から次に腕に触ってくる。「すまんなあ、そっちはもう用済みなんや」と関西弁でやんわりと断る。通りの両側からの大攻勢は5人や10人ではなかった。

「吉田通れば二階から招く、しかも鹿の子の振り袖が」と歌われたほど、この宿には江戸時代、山ほど飯盛り女がいたというが、男ば

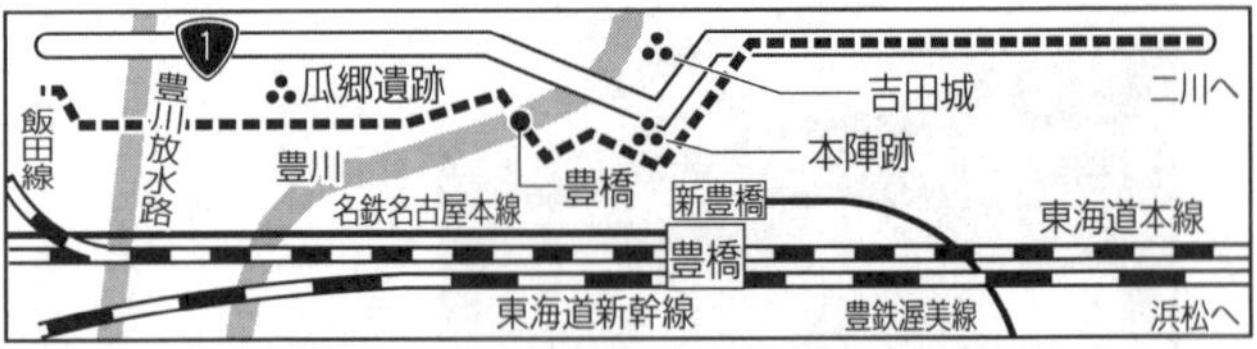

っかりの呼び込みはあまり気色のいいものではない。歩数どころではなく、やっとのことで通りを抜け出した。翌日、路面電車に乗る前に、もう一度歩いてみると、人っ子ひとりいない松葉通りの歩数は２２０歩だった。

「丸よ」を素通りして西へ向かうと、やがて豊川にかかる豊橋。旧東海道にかかる４大大橋のひとつで、歩数２８９歩。風が相変わらず強く川面は海のように波立っていて、メガネのツルが耳からはずれた。橋を渡って交差点を左折すると、旧街道は田園地帯をほぼ真っすぐ。後は国道に合流して、名鉄の国府（こう）駅まで一気に歩いた。食い意地が張っている証拠だった。

特急で豊橋に戻って、また路面電車に乗る。札木町に着いたらちょうど正午。「丸よ」のうなぎだ、うなぎだ。きもやきに２４００円の白焼きの特上、そしてビール。が、店のおかみさんから待ったがかかった。

「特上ではなく、１２００円の並にして白焼きとかば焼きの両方を召し上がったほうがいいですよ」グッド。きもを食べて、白焼きにかかる前に、ビールから日本酒に変更。ここのうなぎは蒸してからたれをつけて焼く関東風。おやっと思ったのは、うなぎは皮が上になって出てくることだ。専門紙によると全国でも「丸よ」だけだそうだ。皮にたれがつく焼き方がこの店の伝統で、それを見せるためだった。昼間なので、日本酒は控え目にして、仕上げにお茶漬けを頼んだ。朝から1万2200歩、約8・5キロ。すべてはうなぎを食べるためだった。雪の日の朝、東京を出て2泊、今度の旅は飲んで食ってばかりいた。東京に帰ったら、小さくなって出社しなければ。（浜田）

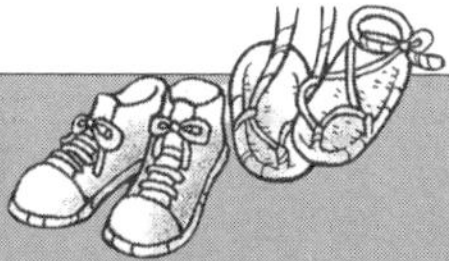

ウオーキングには、荷物をあまり持っていかないのが鉄則です。2、3日の泊まりがけでも下着をはじめ衣類は極力少なくした方が賢明。でも、必需品はあるのです。中年おやじの必携アイテムを教えましょう。

季節は秋から冬。なんといっても欠かせないのは使い捨ての切り張りカイロ。私は五十肩だったので腰のほか、肩にも張った。ポッカポカがだいたい半日は持つ。次が手袋。これは百円ショップで買う。私が重宝したのは指の関節から先がムキ出しになるもので、リュックにスペアもいれておいたほどである。指の先が出ていると、道中でなにかメモするときなどに便利だ。くせになって春先でも手袋をしていたが、滑ってころんだ際のケガ予防にもなった。最後のひとつは食い意地が張っているせいもあって、セイロガン。これは二日酔いにも聞くからぜひ、お供に。

美しい松並木に心奪われ1マイルテスト忘れちゃった

ほー。「日航機がニアミスして、危なかったのか」ニュースを横目でみながら、古い街道へ入る。とたんに、気分は旅人。いよいよ、御油（ごゆ）、松並木である。ここの松は、五十三次で最もうつくしいそうだ。どんな美人か、とっくり見てみたい。

これから歩く御油―赤坂は、五十三次で最短だ。1・6キロしかない。ガイドブックによって、1・7キロという本もある。どっちでもよさそうだが、そうはいかない。1・6キロと聞いて、ピンときた。1マイル（1・6キロ）テストができるからである。

国土地理院2万5000分の1地図「御油」を買った。測ったら、すばらしいことに、松並木資料館―赤坂宿の交差点が、ちょうど1・6キロだった。

体力を見きわめるには、ふつう「垂直とび」「上体そらし」など、7種のテストをする。これとは別に、ウオーキングをしながら、測定するのが、欧米の1マイルテストである。

夜。2万5000分の1を広げながら「あした、すばらしい松並木の下を歩く。これが仕事なんだから」とつい、ニヤけてしまった。

御油は、JRを拒否した。それだけに、昔ながらの町並みが色濃い。「江戸のおもかげを残す松の並木は、日本中でここだけ。400年たった松が6本、100年以上が70本」と、松の

東海道で最も美しい松並木

◆マイル（1.6km）ウォークテスト◆

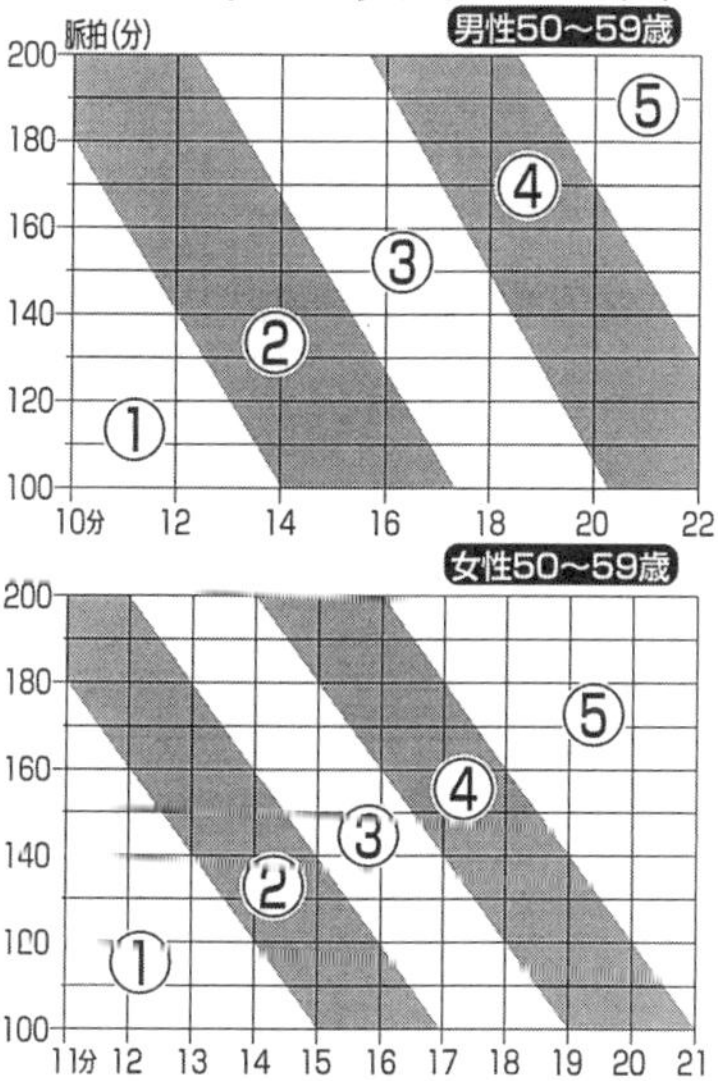

※①=優れている、②=やや優れている、③=平均、④=やや劣る、⑤劣る

博士と呼ばれる佐々木文一さんが、いっていた。

大磯の松並木も立派だが、あっちは脇へ道幅を広げた。こっちは、江戸そのまんま。こんなに、黒松の役者がそろうと、おそろしいほどの威厳だ。

そっくり返っている松がある。つんのめって、道へ顔を突きだすヤツがいる。３度ねじれて、さらに曲がりかけているのは、どういう人生か。

黒松は、木肌がひび割れて、重々しい。みな、胴に名札がついている。２７０番は、いかめしい。きっと４００年ものだろう。

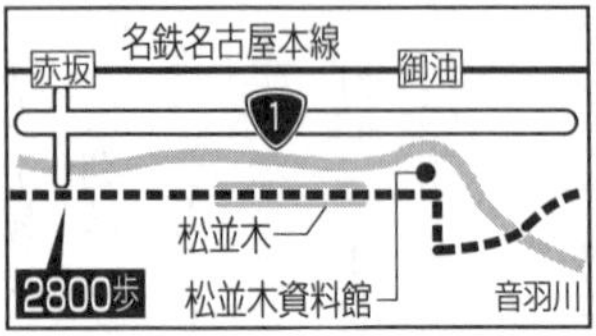

さながら、松の交響曲である。家康は、東海道の両サイドに、松を植えさせた。「夏は日陰に、冬は防風に」というのが表。そのウラに「軍勢が攻め込んできたら、いっせいに松並木を切り倒して、防御の盾としよう」という腹づもりがあったという。
音楽的な枝ぶりにみとれていると「ブブーッ」と、やられる。ときおり、車がやってきて、道の真ん中にいる私を追いやるのである。ここには歩道がない。めげずに、見上げると「ブー」。また、引き下がる。
北アルプス・上高地は、いい季節になると、車を入れない。南アの北沢峠もそう。あれだ。御油の松は、天然記念物じゃないか。ならば、そっくり、歩道にしちゃえ。マイカー禁止を、打ち出せ。近くに、国道だって走っているじゃないか。

いつになく、フンガイする。「おお。そう思ってくれましたか。うれしい、うれしい。わたしは、20年来、そういってきたんです」と博士が、私のフンガイに手をたたいている。

美人348本が立ち並ぶこの道に、まいってしまった。1マイルテストはもう、すっかり忘れている。（玉木）

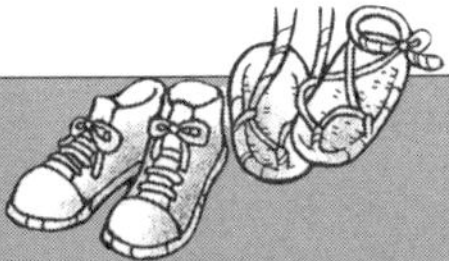

夏ならともかく、真冬のウオーキングは朝がつらい。寒さで布団を出るのがイヤだし、起きたら起きたで外へ出て行くのは気が重い。

ところが、いざ歩き出すと、朝景色のすばらしさ、荘厳さに気づくだろう。山でも里でも、自然は日の出から2、3時間が最も美しいといわれていることが、実感として分かるだろう。日が高くなると、陰影がぼんやりしてきて、いわば景色が堕落するのである。

いいことばかりの朝景色なのだが、困るのは朝ごはんである。宿はふつう、7時や8時が朝食である。それより早く、用意はしてくれない。やむなく朝食抜きで出かけると、今度はレストラン、食堂さがしで往生する。東海道でも早朝から開店している店は、まことに少ないのである。

三十六

赤坂《あかさか》宿

これは奇跡か　江戸時代と変わらぬ姿の宿に泊まる

江戸時代のまま、という宿に泊まった。芭蕉が句を詠んだという部屋だった。あんどんあり、電話なし。違い棚あり、エアコンなし。マッチで点火した石油ストーブが、あかあか燃えている。

不思議な宿だった。「大橋屋」の客は、2階に泊まる。2階は8畳間×3部屋、あわせて24畳が、ふすまで仕切られている。特別扱いされたわけではない。「はい。うちは1日1組しか、お客をとりません。ですから、1組10人のときもあれば、今夜のように、お客がひとりということもあります。なにもできませんが、ゆっくりしていってください」あるじは、事もなげにいった。

大橋屋は、東海道の宿ではたった一つ、江戸生まれの現役である。客は1日1組とは知らなかった。何だか、すまないなあ。24畳に、ぽつん。私は、俳句をひねりだせない。だから、腕立て伏せと腹筋トレをした。ばかみたい。

宿に荷をおいて、歩きだす。小さな丘が波うっている。ワビスケが咲いている。清らかな川がある。ささやかな道がくねっている。

江戸そのままの「大橋屋」

大橋屋の、ひんやりする土間と、黒光りの柱、梁（はり）はすごかった。階段を上がると、ぎしぎし音がした。あれは、よかったなあ。1715年ごろ建ったままというから、今年で、ええと…。緑したたる竹やぶが見えた。道草を食ってみたくなった。竹やぶは、さわさわ葉ずれの音がする。北風ぴーぷーだが、こころは弾んでいる。

あの宿のおかげで、固い気分がほぐれたのだろう。「一日に、お客が私ひとりなんて。悪いみたいですねえ」といったら、あるじは、少し笑顔でいった。

「もし、となりに別のお客を入れると、声が聞こえます。すると、

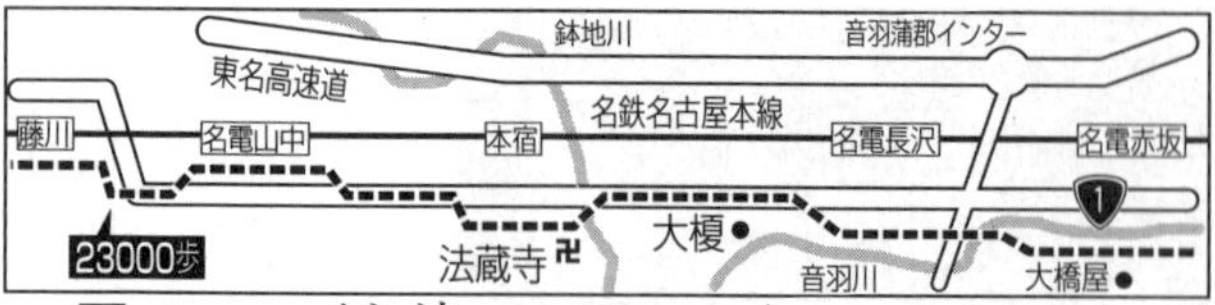

どちらも、落ち着かないでしょう。私の代から、こうしました。ゆっくりしてもらいたいんです。私たちは、まあ、生活できるぐらいで、いいんです。子供も、この家の跡を継ぐ、といってくれてますし」。

部屋にあったノートに、だれかが書いていた。

「東海道を歩くことは、子供のころからの夢。大橋屋さん、御油の松並木がいまも、立派に役割をはたしているのは、奇跡です——川越市・正幸、春枝」。

「父と姉と3人で、日本橋からあるいています。父の願望だった大橋屋にとまって、父は上機嫌です——三郷市・信生、路、夕」。

小川のわきを、ぶらぶらしていたら、あざやかな飛行物体に出くわした。川の流れに沿って、鋭く、青く輝くガスの炎みたい。おどろいて、声も出なかった。だれかに話したくなった。

街道へもどる。大榎というところだ、と知った。庭先で、ひょうたんを磨いているおじさんに話すと「あっちの川だろ? そりゃ、カワセミだよ」「やっぱり」

「ここらでも、めったに見かけないようになったがねえ」。

大榎から先は、こんなつらいウオーキングも、そうない。トラックの排ガスと戦う。寒さに耐える。手袋を忘れていたら、きっとむくんだろう。フリースは、防風仕様にかぎる。耳あてを持ってくるんだった。

こころはあたたかだった。宿と、光あざやかな川鳥。旧東海道には、こんな宝物がひそんでいる。（玉木）

※大橋屋は、予約制。1泊2食1万円から。TEL0533・87局2450。

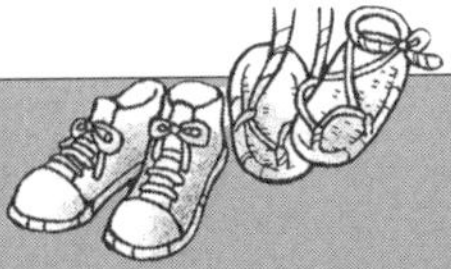

ウオーキングに慣れてきたら、夕方から夜にかけて歩くことをお勧めしたい。ケガをしやすいとか、危ないとかいう面は確かにあるのだが、本能と美感覚がよみがえるおもしろさがある。

日暮れから歩き続けると、暗くなってきても目は意外なほど、闇に慣れていくものだ。道のでこぼこや障害物は、かなり暗くなっても読みとれる。明るいときと違って、つまずきやすいように思うだろうが、いざ歩いてみると、人間の視力のすばらしさに、改めて気がつくはずだ。

たそがれてからのウオーキングは、景色の陰影が濃くなる。また、心細さで感覚が鋭敏になって、昼間には感じられなかった自然のすばらしさ、歩くたのしさ、心細さを味わえるだろう。

源氏蛍発生の地…清流の代わりに廃車の山

さあ、いくぞ。ウオーキングシューズを履きながら、きょうのコースを頭にたたき込む。

ふだんは、見どころを決めるのだが、今朝はうまくいかない。藤川から、岡崎までの道は、資料がとぼしい。めずらしい話、うまそうな料理、絶景、そのどれもここは薄味で、飛びつけないからだ。

よーく探したら、蛍の発生地があった。天然記念物になっている。芭蕉の句碑がある。とはいっても、冬では仕方ない。まあいいか。あたりは「山は青く、水は清き」ところだろう。さあ、いこう。

きょうは最近、人気のエクササイズ・ウオーキング（EXW）をしよう、と飛び出した。歩くことを、スポーツ感覚に

引き上げるのが、ＥＸＷである。

古い街道をいく。御油とくらべては気の毒だが、ここの松並木だって、いいもんだ。そんな景色の中で、ＥＸＷを実行している。

源氏蛍の記念碑（手前）

ウオーキングは、体を痛めることが少ない。それはそれでいいのだが「やせたい」「体力を高めたい」というなら、歩きに3つの目的を加えたい。

まず、フォーム。「背筋と、腰をのばして、すこし前傾する。あごを引く。ひじを90度に曲げ、かろやかに振る。目線は、10～15メートル先」。こういうと、むずかしそうなのだが、いざ、やってみると、意外に簡単。早い話、きれいな姿で歩けばいいのである。

爆弾のように、トラックが走る1号線だが、気にしない。こっちは、ＥＸＷを実行しているのだから。フォームの次は、速さ。

ふつうウオーキングは、時速4キロぐらいだが、これを5～6キロ、ときには7、8キロにする。7キロになると、見た目には歩いていない。ジョギングに近い。最後が、長期計画。EXWのいいところは、初心者～上級とも、力にあったプログラムを立てられることだ。

と、歩いていくと「源氏蛍　発生碑」の案内板にきた。さぞ、古雅であろう。どんなところか、とぐるりと見ると、あれま。

「車ドロボー、即ケーサツ」とある。道を越すと、ひしゃげた車が2重に積んであった。ここは、解体業者の地であった。石碑は、その一角にちゃんと、立っていた。

川には、なんとも言いかねる水があった。初夏になっても、これでは蛍がいないぐらい、私にだってわかる。江戸のころ、この近くの生田（しょうだ）川のあたりは、美人の地として知られた。

男ごころをくすぐられて、そこで「蛍狩りを口実にして、夜遊びがはやり、生田蛍の命名になった」という。そこがいま、車の解体という、もっとも現代的な仕事のひとつに生まれ変わった。

時は、たえず流れている。そういえば、旧東海道はこのすこし先で、東名高速とぶつかる。もちろん、旧道がゆずって、下をくぐる。「蛍ですか。山の方では、養殖の放流をしてますよ。夏がたのしみ」と、中学校の先生が話していた。

こちらは、さっきから「うーん。ひじを90度に保って歩くのはつらい。20～30分が限度だなあ」と、EXWに励んでいる。(玉木)

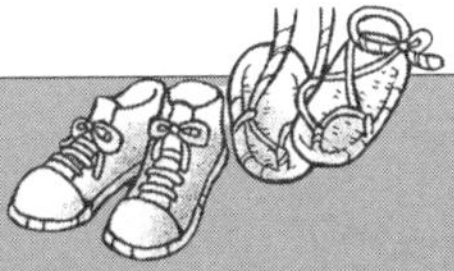

ウオーキングで息が荒くなることは、まずない。呼吸など気にしないで、歩いていく。急坂にきたら、ゆっくり上るか、休み休み行けばいい。ところが、エクササイズ・ウオーキングとなると、呼吸法を考えるようになるだろう。速歩のリズムにあわせるために、呼吸を意識的に行う必要が出てくる。

軽いランニングのとき、ふつうの呼吸法は「吸って吸って」で2歩、次の2歩で今度は「吐いて吐いて」が一般的である。エクササイズ・ウオーキングも、これでいく。さらに心肺機能を高めようとするなら、この「吸って吸って」の後に、「止めて止めて」の2歩を加えるのも一つの方法である。最初は変な呼吸法のような気がしてなじみにくいが、慣れてくるとこの呼吸法の感覚がつかめてくる。エクササイズ・ウオーキングはきついトレーニングである。

八丁味噌の老舗で思い出したおふくろの味

ヤケッパチ道中で広辞苑のお世話になるとは思いもしなかった。岡崎城から西へ八丁（約870メートル）の八蔵通り、八丁味噌（みそ）の老舗「カクキュー」（早川商店）で早川恒郎さん（73）に「コクのある味、のコクはどんな漢字かご存じですか」と聞かれた。

考え込む記者に「広辞苑では残酷の酷なんですよ」と早川さん。広辞苑を開くと確かに「（本来、中国で穀物の熟したことをあらわしたことから）酒などの深みのある濃い味わい」とある。早川さんの名刺には「カクキュー　史料研究員」とあったが、聞けば新聞記者の大先輩だった。

中日新聞の三重・津支局などを経て、1985年（昭和60年）に定年退職。10年前から創業350年の「カクキュー」の

社史編さんにたずさわってきた。さらに驚いたのは早川家の7人兄姉の末っ子。当主は代々「久右衛門」を名乗り、現在会長の長兄・久右衛門さん(85)に「史料館をつくるから、面倒を見ろ」と声をかけられて、生家に戻ってきたそうだ。

八丁味噌の「カクキュー」

ヤケッパチ道中の趣旨を話すと「面白いですね。いい企画じゃないですか」と先輩らしくほめてくれ、敷地約７００坪の工場、史料館を案内してくれた。見学者は月に数十人、途中で団体客のおばあちゃん一人がトイレに入っている間に迷子になっていた。早川さんが生まれ、育った生家の前の道路が旧東海道。「岡崎の中心部は空襲でやられたけど、幸いこの辺りは助かった」とかで、貴重な早川家の史料も残った。

すでに社史は「山越え谷越え３５０年」のタイトルで刊行しているが「新聞記者をしていたから、本ぐらい書けるだろう」と思っていたけど古文書を訳すのは大変でした。岡崎の古文書研究会で勉強しましてね」。衰えぬ大先輩のエネルギーに脱帽だ。

社史には早川家の歴史から、八丁味噌の造り方まで詳細に書いてある。吉野杉の高さ2メートルの桶（おけ）に6トンの味噌を仕込み、3トンの石を積み上げて、足かけ3年熟成させる。桶ひとつで一人毎日使っても800年分あるそうだ。愚問を承知で「一般の家庭で八丁味噌はできませんか」と聞いたら「以前、テレビの番組でもやってましたが、2メートルの杉の桶なんかないでしょう」と言われた。

健康オタクには耳よりな話がある。味噌には胃腸の活動を促進する成分が含まれていて、国立がんセンター研究所が13年間に26万人の男女を対象に調査した結果「味噌汁を毎日飲んでいる人は胃がんで死ぬ率が低い」と発表したこともある。

「昭和61年（1986年）でしたか、旧ソ連のチェルノブイリで原発事故があったでしょう。あの時は注文が殺到しました。味噌は放射能障害に効果がある、という説が広まりましてね」社史の中でも「それまで月間2〜3トンだった輸出量が6、7、8月には平均14トンにもなった」と書いている。

帰り際、早川さんが「コクがある」と片仮名にこだわる八丁味噌を袋に詰め込んでくれたが、まだ旅の途中。しかも単身赴任の身で、料理はできない。大阪の自宅に宅配便で送り、女房に今度帰るまで大事に保管しておくように伝えた。岡崎で昔、おふくろが作ってくれた味噌汁の味をふと思い出した。（磐城）

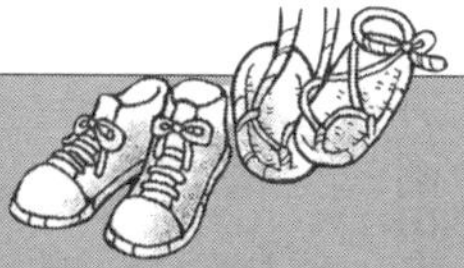

全国各地に数え切れないほどの東海道愛好会や同好会がある。日時を決めて10人、20人で歩いている姿は珍しくない。こういう団体で歩くときの宿舎はホテルを利用するのがいい。ホテルだと各部屋にバスルームがあるが、日本旅館は風呂が一つしかなく、順番待ちになる。当然、食事時間も遅れてなかなか全員がそろわないのだ。

だが一人旅のときは日本旅館に限る。それも歴史のある古い旅館であればなおさらいい。東海道筋の古い旅館にはそれぞれ歴史上の有名な人物とのかかわり合いや貴重な掛け軸、置物が残っていて女将に話を聞けば、昔の旅人の気分になれるかもしれない。ただ旅館に一人で泊まる場合、断られることも。紹介状をもらうなり、身分をはっきりさせ、泊まりたい理由を明確にして。もちろん事前の予約が必要だ。

知《ち》立《りゅう》宿

わびしい夜…「旅の宿丹前汚す一人酒」お粗末。

「街道に　咲き散るツバキ　哀れかな」――。
ヤケッパチ道中に似合わない俳句を詠んだのには理由がある。知立までの街道筋、八橋かきつばた園の名勝・無量寿寺に歌人・在原業平の有名な歌碑や俳人・松尾芭蕉の連句碑があると聞いた。

　昔の旅人は街道を歩いて歌、俳句をこの世に残した。ならば凡記者も、と岡崎から知立までの14・9キロをない知恵をしぼって粋な旅をしようというわけだ。中岡崎の宿を午前10時に出て、向こう岸まで276メートルの矢作橋を渡る。「弓なりの腰で矢作の渡り初め」（柳多留）とあるように、弓なりの広重の絵は現在より80メートルほど下流で378メートルの東海道一長い橋だった。

1時間半ほど歩くと左側の「法華宗妙教寺」門前に立派な2本の松。「三河路に昔をしのぶ夫婦松」とあったが、なぜか「助さん、格さん」とも。「ここへ嫁いできてもう50年になるけど、ちょっとは大きくなったかねえ。助さん、格さんは近くの小学校の生徒さんが20年ほど前につけたのよ」とお寺のおばあちゃん、加藤すずよさん（80）。

さらに歩くと「禅宗永安寺」にはこれまた立派な「雲竜の松」。樹齢300年の横に枝を広げたクロマツの巨木で、まさに雲の上を竜が昇って行くような姿だった。そろそろと一句頭に浮かんでもよさそうなものだが、なにせ左側を歩くと大型トラックが恐ろしい音をたてて後ろから追い抜いていく。右側だと突風を真正面から受けて、考えごとなどしていたらたちまちあの世行きだ。途中で小便をしようと公園のトイレに駆け込んだら「バカ」と落書きしてあった。どこのだれだか知らないが、自分のことは自分が一番分かってる。大きなお世話だ。

かきつばたの無量寿寺

やがて街道筋に道標があって、右に700メートルほど直

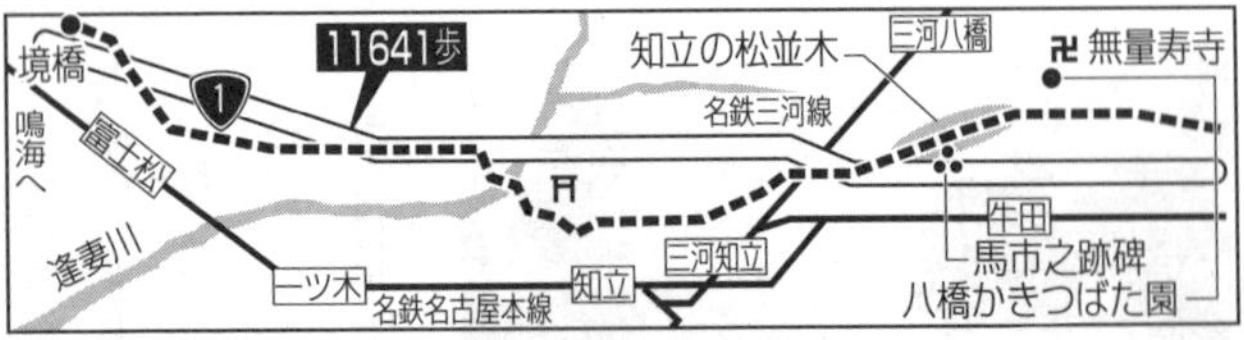

進すると無量寿寺。門前に業平が都に残した妻をしのび「かきつばた」の文字を句頭に入れて詠んだ「唐衣　着つつなれにし　妻しあれば　はるばる来ぬる　旅をしぞ思う」（伊勢物語）の碑。そこで凡記者が「街道を　きのう今日と　続く旅　バカを承知で　ただ歩くのみ」（詠み人知らず）。

敷地1万3000平方㍍の庭園に3万本が群生しているかきつばたの花は4、5月が見ごろで人影はなかった。境内もシーンと静まり返っていて、黒猫が1匹悠々と歩いていた。その先に芭蕉の「かきつばた　我に発句の　おもひあり」の連句碑。芭蕉が1684年（貞享元年）に「野ざらし紀行」を終えて、帰庵の途中に詠んだ句だという。

凡記者の冒頭の一句は街道を歩いていると民家の庭先のツバキの花が道路に散っていた。往来の車が怖くて、つい踏んで歩いた。かつて華やかだった企業戦士もリストラにあうと世間の風が冷たい。哀れよのう、と説明しなければならないのが情けない。無量寿寺から30分ほど歩くと約500㍍に170本の松並木。広重の絵にある馬市の跡だ。入り口は今、衣浦豊田道路の工事中で現実に戻された。

知立ではかつてにぎわった街道筋の「山甚旅館」に泊まったが、午後6時にもなると町の灯は消えた。仕方なく酒屋で酒を買ってきて、部屋でテレビを見ながら夜の更けるのを待った。着ている丹前に酒をこぼした。わびしい夜だった。

「旅の宿　丹前汚す　一人酒」。お粗末。（磐城）

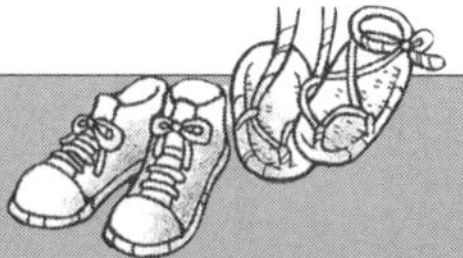

歩けば腹が減る。腹が減っては歩くのが苦痛になる。とくに宿場間の距離の長いところは、つらい。昼時だというのに、まだ半分も着いていないことがあるのだ。町中ならいつでもレストランや食堂に飛び込めるが、こういう距離の長い宿間は行けども行けども、田んぼや草原だったりする。自分の体力、歩くスピードはある程度分かっているから事前にパンフレット、地図で歩行距離、所要時間を確認しておく。

そこでおすすめは、駅弁を買っていくのはいかがか。ちょっと荷物にはなるが、地元の名物駅弁ならなお結構。昼時に人の姿が見えない田んぼや草原で弁当を広げるあの一瞬は、まるでピクニック気分で至福の時だ。弁当もうまいし、空気もうまい。グループでなら話がはずむ。もちろん、ゴミくずは持って帰ろう。東海道を歩く旅人はマナーも忘れてはならない。

瓦ぶき、なまこ壁…眺め最高も車ビュンビュン

「エクスキューズミー」と声をかけたら「はいはい、何でしょうか」と流ちょうな日本語が返ってきた。知立と鳴海の間（あいの）宿、380年の歴史をもつ木綿の絞りで有名な有松で一人の外国人に出会った。

名古屋在住でハンガリーから来日20年目のイレーシュ・アテイラさん（46）と日本人の奥さんで、名古屋音楽大非常勤講師の伊藤直美さん（50）。名古屋からは名鉄で20分ほどなのに、有松を訪れるのは初めてだ、という。「近すぎるとなかなか来れなくてね。仕事？　なんでも屋さん」と冗談好きのアテイラさん。本職は人形劇だが、不況でなかなかお呼びがかからず、現在は建築業や通訳もしている。そのアテイラ

さんが「日本人は日本の伝統や古いものに鈍感だ」と耳の痛いことを言いだした。

知立と鳴海の境になる境橋を渡って1時間ほど歩くと名鉄の中京競馬場前駅。その左前方が桶狭間古戦場跡だ。有松はそこからすぐだが、町並みには総瓦ぶき、格子、なまこ壁と江戸建築が残っていた。有松商工会館前の手打ちうどん専門店「寿限無茶屋」は煮込みうどんが人気で、アテイラ夫妻もそこで食事中だった。店内で声をかけるのも失礼と思って、先に店を出て待っていた。

しばらく3人で素晴らしい景観の町並みを歩いたら「こうして日本の文化、伝統が残されている。でもね、車がビュンビュンと通るでしょ。排気ガス、それに第一危なくて、ゆっくり見ら

桶狭間の古戦場跡

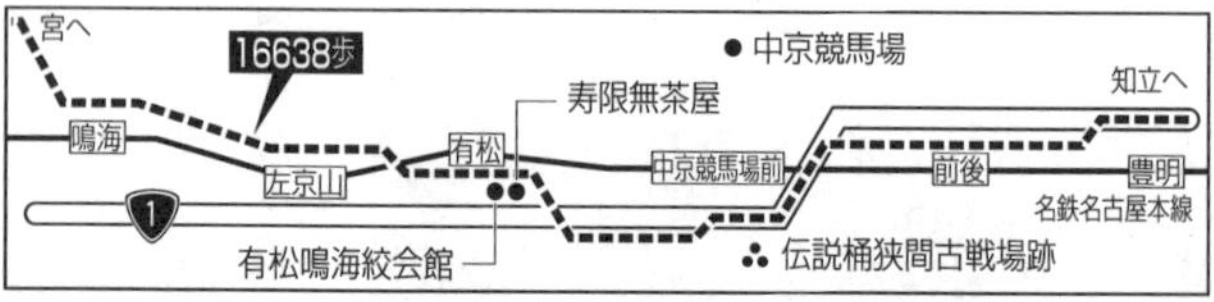

れないんですよ。どうして車の規制ができないのかなあ」とアテイラさん。
確かにカメラを構えようにも、土を厚く塗り込んだ塗籠（ぬりごめ）の2階を眺めようにも、車の往来が激し過ぎる。有松商工会館に聞くと「行政の問題」と言い、名古屋市役所の教育委員会は「生活道路として使われていますからね」とアテイラさんを納得させる答えは見つからなかった。

東海道中膝栗毛では弥次さん、喜多さんがこの有松で絞りの手ぬぐいを買うのに手間取り「時にだいぶ道くさをした。ちと急いで行くとしよう」と鳴海の宿へ向かうのだが、ヤケッパチ道中は足の向くまま、気の向くままだ。

アテイラ夫妻との話は続いた。「ところで何歳ですか」と聞いたら「何歳だと思う」というから「60歳」と答えた。すると「オー、インタビュー、これで終わりね」とアテイラさん。外国人の年を当てるのは難しい。そこそこの年配と見たが、実際より14歳も違っていた。

だが気を悪くした風でもなく「テレビでよく日本文化の紹介があるでしょ。でも、ちょっと違うなあ、って。大学を出たディレクターは基礎知識はあるだろうけど、それだけで番組を作っている。外国人の方が本当の日本を知っていることも多いですよ」と鋭い。まさか旅先で外国人に洗脳されるとは思わなかった。

アテイラ夫妻と別れ、有松から鳴海へと歩いた。相変わらず車が行き交い、道路は工事中で、マンションや高層ビルが立ち並んでいた。（磐城）

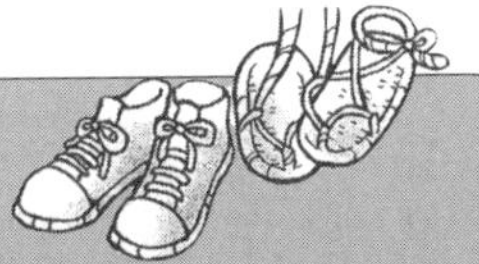

東海道の宿場は発展を続け、現在では大きな駅や市役所のあるところが多い。そういう大きな駅の構内には必ず観光協会があり、市役所へ行けば観光課がある。PR用のパンフレットや地図も豊富で訪ねれば無料で配布してくれる。ときには宿場の穴場など貴重なアドバイスもしてくれるから、必ず立ち寄るべし。電話で事情を話せば、事前に情報を送ってくれることもある。書店で売っている東海道のマニュアル本より詳しく、地図も宿場の隅々まで載っているからありがたい。
しかし、市役所の観光課はホテルや旅館は関与しない。こちらは観光協会に紹介してもらうしかない。そこで泊まりたい宿、場所、宿泊料が聞けるし、便利で安心。電話で予約だってしてくれるから、旅の出発前、到着後には訪ねるようにしよう。

四十一　宮《みや》宿

「限界」足裏水膨れ…トラック運転手ありがとよ

業務命令もここまでだ。クソ食らえ！

という心境だった。歩き始めて3時間半、両足裏にできた水膨れがうずき、音を上げた—。

宮（現在の名古屋市熱田区）から桑名へはかつて船（七里の渡し）を利用した。海路約28キロ。船嫌いは佐屋街道（現在の愛知県海部郡佐屋町）をたどったが、私は佐屋街道も国道1号も敬遠し、七里の渡しをなぞるように走っている国道23号を選んだ。しかもスタートラインと定めた名古屋市港区・築地口から桑名・七里の渡し跡へは地図計算で約5里…20キロ弱。〈業務命令〉で仕方なく歩く身にはピッタリではないか。

9時半スタート。23号の築地口辺りは高架になっていて、歩

㊶——宮宿

道もないのでしばらく下を歩く。1時間はアッという間、庄内川の庄内新川橋に差し掛かる。ここまで約5キロ、5784歩（1歩85センチ）。

橋を歩くと「白糸の滝」を作り虹（にじ）を架けたくなる。つまりオシッコ。以前、大井川鉄道・井川線の鉄橋レインボーブリッジの上で70メートル下の川面をめがけて滝作りを試みたが、川風にあおられたオシッコは逆シャワーとなり、我が顔面へ—という苦い経験がある。その体験を生かして成功させようとファスナーを下ろしたが、ひっきりなしに車が通るので断念する。滝作戦の時間を除外し、橋を渡り切るのに7分（735歩）かかった。

宮の渡し場

両足裏に異常を覚えたのは日光川大橋を渡っている時だった。橋の上が名古屋市と飛島村の境になっている。10時58分、スタートして約1時間半（8086歩）。水膨れができたらしい。歩くスピードが落ち歩幅も70センチぐらいに縮んだのではないだろうか。11時55分、弥富町に入る。水膨れがグジュグジュして痛む。

出発前日、熱田神宮に参拝した。ここの下知我麻（しもちかま）神社は旅行安全の神様として知られている。道中安全をお願いしたのに水膨れである。おさい銭の10円にお気を悪くされたようだ。

腹も減った。零時25分、青葉食堂（住所は弥富町2の割）に行き着く。ここまで約13㌔、1万5187歩。カツどんを頼み、汗びっしょりのTシャツとフリース、キルティングを脱いで石油ストーブで乾かす。食堂を出て197歩、「もう限界だな…」午後1時にヒッチハイクを決意した。

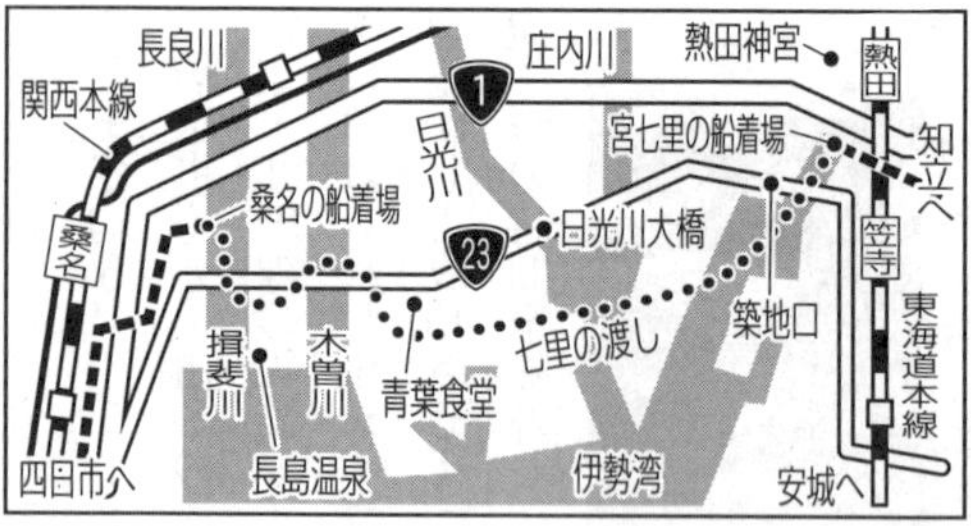

ノートに「桑名まで」と大書きし、信号待ちの車にかざす。ズボンを下ろして女性ドライバーに媚（こ）びようかとも思ったが、トラックが入れ食い状態でOKサインを出してくれた。

地獄に仏は三重県鈴鹿市の生川（なるかわ）倉庫で10㌧トラックを運転している川北拓宏さん（28）。鈴鹿―名古屋間を毎日往復しているそうで、揖斐川を渡り桑名市に入ったところで降ろしてもらった。キセル区間は約6㌔。「また見かけたら、声をかけます」泣かせるセリフを残してトラック運転手は走り去った。

その後、痛む足で桑名の渡し跡を訪ね、宿舎着は午後3時。歩数は1万7825歩。筋肉痛用のバンテリン液1575円、水膨れ用にニッコーバンジャンボ650円、キズガード395円を購入。排

㊶——宮宿

ガスあふれる23号は二度と歩きたくない。人にも勧めたくない。（秋保）

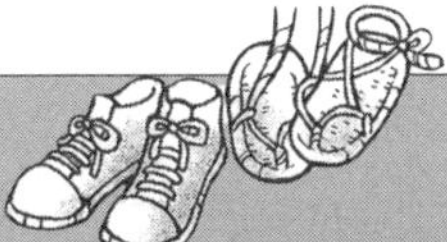

歩いた初日、両足裏に水膨れを作ってしまった。親指の下から小指の下まで、大きな水膨れとなった。コースが終始舗装道路のうえ、ワーキングブーツ風の遊び靴を履いて出掛けた、ということが水膨れの原因だったと思う。歩くことを、靴選びを、軽く考えていたのだ。

　できてしまったものは仕方がない。どう処置するかで薬局に入った。足裏をかばい、両脚の筋肉にも張りが出たので、そのための筋肉鎮痛液「バンテリン液」と、パンクした水膨れの傷口の消毒を兼ねて「キズガード」とそれらをすっぽり覆ってくれる「ニッコーバンジャンボ」という張り薬を購入した。ニッコーバンは防水になっているので、これを水膨れの上にきっちり張ってガードし、歩いてみた。張り薬がクッションとなって痛みも半減。何よりも歩けることがうれしかった。

桑名《くわな》宿

「おまへのはまぐりなら、なを…」そこまで言えない

五十三次の中でも桑名と宮のにぎわいは相当なものだった。男は船待ちの間に脂粉の香りを追った。かつて本町、江戸町、川口、船場に遊郭があり、女郎屋町という町名まであった。

今の桑名にその名残はない。「父が生きていたころ、昭和40年（1965年）ごろには芸者さんは100人ほどいましたが、今は16人です」と言うのは旧東海道に面した江戸町でハマグリどころ「みくに」と並び「喜美寿司」を営む三谷満寿美さん。桑名の史跡に花を添えている。

長男を5年をめどに四日市市に修業に出しており、親子でにぎる日を楽しみにしている。

桑名の渡し跡に料亭「船津屋」（旧本陣跡）と旅館「山月」（旧脇本陣跡）があるが、料亭は高級すぎて入れず、旅館には

「お一人は」と宿泊を断られた。情けない。

その渡し跡からスタートした街道探索に桑名市歴史案内人会長の加藤勝巳さん（76）とメンバー3人が付き合ってくれた。案内人が心を込めて史跡を説明してくれるが、史跡音痴の当方の頭を素通りして行く。

桑名城のお堀

話が桑名の義士、森陳明（もり・つらあき）に及ぶ。陳明は函館・五稜郭の戦いでは新選組を率い最後まで戦った男だが、戊辰（ぼしん）の役の戦争責任を一身に背負い、桑名藩を救って44歳で逝った。九華公園に碑があり、旧街道沿いの十念寺にその墓があった。こうした話が、思わぬところで生きた。

桑名市の境、町屋川の河畔に建

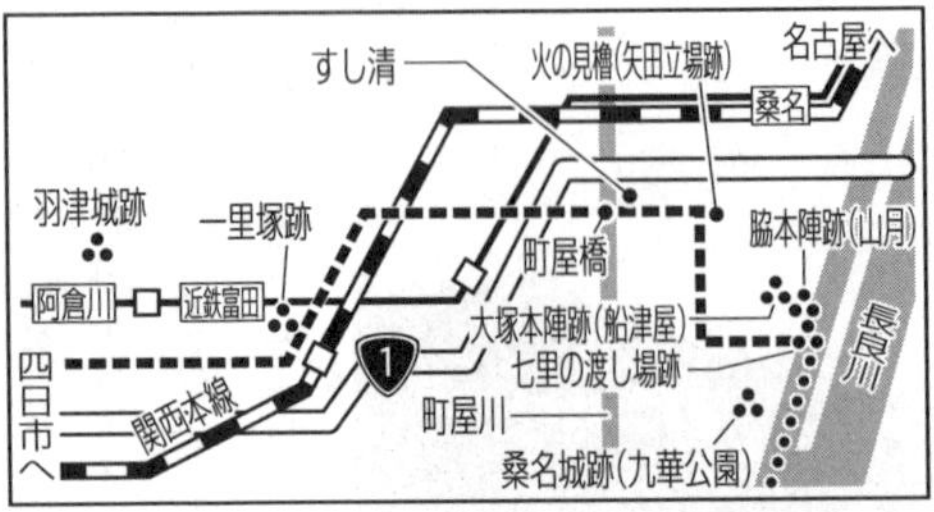

つ旅館「すし清」に泊まった。旧街道時代、安永立場（たてば）と呼ばれた地。立場とは、旅人が休憩する茶店が集まっていたところで、すし清もかつて茶店だったという。

おかみの佐々木博子さん（57）が話す。「福島の白河から殿様（松平定永）が藩替えで桑名に入った時文政6年（1823年）に先祖（江間庄九郎＝現在は佐々木）も付いて来て、古文書係をしながら茶店を営み、森陳明が藩の責任を負った時も文書をしたためました」と言うではないか。加藤勝巳さん、あなたの説明を聞いていなかったら、この話も聞き流していたことだろう。改めて感謝致します。

すし清の夕食に注文してハマグリを用意してもらった。さし身、焼き、蒸し、しゃぶしゃぶ、フライにむき身酢みそ。さし身は赤貝に似て、歯ごたえ、舌ざわり、甘み、口内が新鮮な出合いに震えた。

ここにきて桑名市と川を隔てた朝日町、そして三重県とで、旧街道に架かっていた「町屋橋」再建の話が進んでいる。

そんな話を聞きながら酒とハマグリをたっぷり味わった。「東海道中膝栗毛」では富田（とみだ）の立場（旧桑名領で現在は四日市市）

で弥次さんが茶屋の女性を相手に「おまへのはまぐり（女陰）なら、なをうまかろふ」と戯れている。シャイな私はおかみ相手にそこまでは言えなかった。

この日は市内の旧街道を5947歩いただけ。足裏の水膨れがうずき、これ以上は無理だった。（秋保）

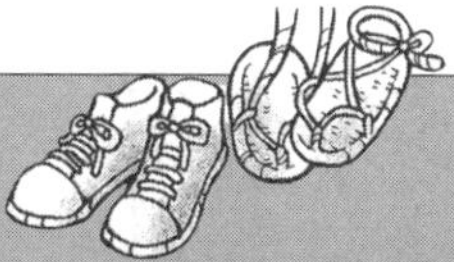

水膨れの処置後、右足薬指の爪の小指側に血豆というか、血膨れができた。踏んだり蹴ったりである。原因は、水膨れができたことで、別の所に負担のかかる歩き方になったからだと思うが、もう一つ、足の指の爪が伸びたままだったことが原因として大きかったかもしれない。

歩いている時に、薬指が靴壁に接触し続け、痛かゆいような感覚がしていた。冬なので足冷え対策として靴下を2枚重ね履きしていたことも、足指を拘束して薬指の小指側と、小指の薬指側が必要以上に窮屈な形で密着し、靴壁と摩擦を起こしたからかもしれない。個人差はあるが、私の場合、薬指が一番、靴の中で内側のカーブに接触する機会が多い。

爪が伸びたまま歩きに出た失敗。後日、親指を深爪して難儀した失敗もある。ザックには爪切りを常備したい。

油取れる菜の花畑は今、コンビナートが支配

おびえて四日市市に入った。入る2日前、同市で起きた暴力団幹部の銃撃事件に心臓をズンと撃たれ、おずおずと足を踏み入れた。

楽しみもあった。当地出身の作家丹羽文雄（96）の生家崇顕寺の確認。それは浜田町の旧街道沿いにあった。石柱に「崇顕精舎」と刻まれていて、これは丹羽さんの筆。側面に丹羽文雄生誕之地とあり、現在は浜田保育園が同居している。

丹羽さんは4歳で生母と生別している。父が養子として寺に入ったとき、母は16歳幼妻であった。父は連れ合いを亡くしていた義母と情を交わしてしまう。生母が旅役者を追って家出した背景にはそんな心の葛藤（かっとう）に始末を、という思いもあったのか。

「文雄の心の中には、菜の花が深く刻み込まれている」と言うのは四日市在住の作家清水雅明さん（50）。短編「菜の花時まで」で故郷を出奔する際の描写をはじめ「故郷を描く時、しばしば菜の花が登場しています」と指摘する。

芭蕉が落馬した杖衝坂

伊勢水、と言われた四日市の菜種油は日本の仕切り相場になっていた。四日市はかつて一面菜の花に覆われていたようだ。その四日市市を今、油の親玉コンビナートが支配している。

市内には江戸時代から続く銘菓〝ながもち〟の老舗がある。笹井屋（北5の3）の「なが餅」と金城軒（本町6の7）の「太白（たいはく）永餅」。長さ13センチ、幅3センチ、厚さ5ミリほどで中にあんが入っている。「なが餅」には戦国の出世大名、藤堂高虎が足軽時代に、当時、日永（ひなが）の里にあった同店で、出世払いを条件に食した―という逸話があり、創業は天文19年（1550年）。

「太白永餅」は慶応4年（1868年）創業で「なが餅」に300年遅れているが、「ついた餅をいったん冷やしてもう一度つく。これによって3日間はやわらかさが持続する」と太白永餅5代目田中彰さん（78）は自慢する。

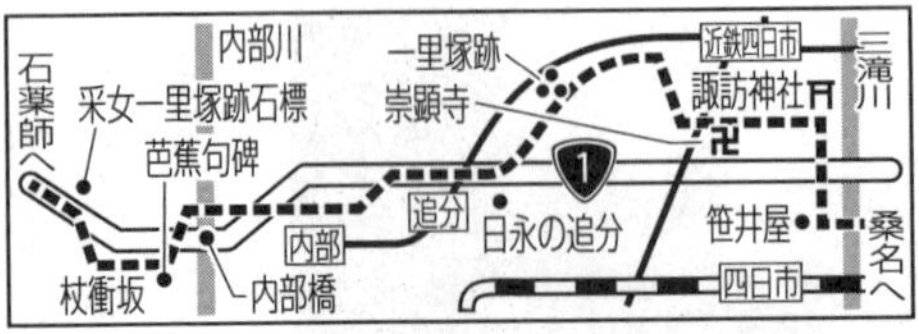

丹羽さんは「なが餅」を伊勢茶で食べるのが好きだそうだ。

ながもち論争に分かれて先を行く。11時にスタートして約1時間（3・9キロ）、4547歩で「日永一里塚」。さらに1時間20分（5885歩）を重ねて追分に着いた。伊勢街道と東海道の分岐。〝分かされ〟に水場があった。「大腸菌は検出されませんでした。安心してご利用下さい」―四日市保健所の水質検査結果が張り出されていたので、安心してのどを潤した。旧街道は国道1号とちょっとの間ランデブーし、近鉄追分駅の先でまた左右に分かれる。ここまで10分。その分岐にある洋食食堂「モンヴェール」でハンバーグランチ850円にグラスビールを添えて昼飯をとった。

13時11分に再スタート。松尾芭蕉が鞍（くら）と共に落馬したと言われる杖衝（つえつき）坂に差し掛かったのは14時。歩数は9413（約8キロ）。坂を登り切り、ずんずん進むと国道1号と合流する。1号を、車の途切れるのを待って渡ると出光ガソリンスタンドがあり、そのはずれに「采女（うねめ）一里塚跡」。14時20分、10059歩。この先で鈴鹿市となり、石薬師宿へは3キロ弱。3日間、水膨れに悩まされた足をここで休めた。（秋保）

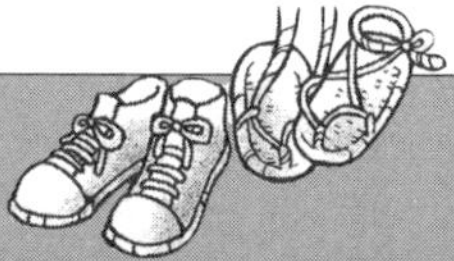

一日の行程を何の故障もなく過ごすことができれば問題はない。健脚者ばかりではなく足弱の人もいる。

水膨れなどの外傷で済めばまだいいが、足裏とくるぶしの間に、歩く時やジャンプしたりしたときに、体の重みからくる衝撃を吸収するクッションのような部分がある。ここが腫れ上がると歩行は困難だ。近くに鉄道はなくバス路線の見当もつかない。そんな時ヒッチハイクに頼るのも仕方ないだろう。

走っている車をとめるコツは、アイコンタクト。運転手の目を見て、手を上げる。この時、できるだけ笑顔を装う。ノートがあれば見開いて、行き先を濃く書き込んでかざす。信号があれば好都合。赤になるのを待ち、人の良さそうなトラックの運転手さんを探し、行き先を書いたノートを見せて哀願の目線を送ると、高い確率で乗せてくれる。

石薬師宿《いしやくし》

厄よけ、病気治療…みんなの分もまとめて祈ったぞ!!

石薬師から庄野までわずか2・7キロしかない。宿の東の入り口から旧街道を行くと、明治時代に建てかえられた小沢本陣跡が民家となって残っている。その100メートルほど先に明治の歌人で、万葉集の研究で有名な佐佐木信綱の生家と記念館がある。第1回文化勲章を受章したこの地きっての著名人、ちょっと寄ってみた。国学者の父から英才教育を受けた神童は数え年の6歳で、こんな和歌を詠んでいる。

「ころころとあられふるなり犬ころのそばえる庭の風にこぼれて」

いまでいうと、まだ幼稚園児、ウム、できる! 途中から記念館の職員、佐野由末子さんに、いろいろと教えてもらった。興味をそそられたのは小学唱歌「水師営の会見」の作詞資料だった。

㊹——石薬師宿

厄よけ石薬師寺

旅順開城約成りて　敵の将軍ステッセル
乃木将軍と会見の　所はいずこ水師営

年配の方は小中学生のころを思い出す、なつかしいあの歌だ。乃木将軍の書簡も展示している。これらの資料で最近、ちょっとした問題が起きたという。

「森（喜朗当時首相）さんの失言でも問題になっているのに、いいのか、こんなもの展示して、と苦情もありました。でも、これは軍歌じゃありません、唱歌ですと説明して、そのままにしておいてます」と佐野女史。

そうです、なにもひるむことはない。これは、立派な文化遺産です。ちゃんと、陳列保存しておくべきものなのです。文学少女が大人になったようなこの鈴鹿市の職員の気骨に、やけっぱち記者は胸をうたれたのであった。それにしても、失言癖のある森首相、なんと迷惑な人であることか。佐野女史にこの界わいのわかりやすいマップと資料をいただき、記念館をあとにした。

国道と交差する橋を渡ると、右側に石薬師寺。保土ケ谷からスタートしたこの道中、最も寄りたかったお寺は想像していたよりも小さかった。厄よけ、病気治癒祈願。左手に薬つぼを持った女神を思わせる薬師如来像は秘仏で拝めなかったが、お百度の代わりに山門から本堂まで3度往復して、願をかけた。

脳梗塞（こうそく）で倒れた母、アルツハイマーの妻を長い間にわたり看病しているAさん、4人で人間ドックに入り、1人だけひっかかって悪戦苦闘しているUさん、酒の飲み過ぎがたたり、食道も胃袋もすっかり切り取られた同期入社のH君、乳がんの手術をした行きつけの飲み屋のKママ…500円玉1個ではあつかましいほど思い出すかぎりの人たちのことを祈り、恥ずかしながら自分の五十肩完治をつけ足した。最後は100円のおみくじで仕上げ。あれはたしか凶が一番よくて（あまりないと聞く）大吉、小吉、吉と続く。凶はともかく大吉が出るまで引き続けることにし、木の箱に手を突っ込むと2度目で、大吉。おみくじには次のように記されていた。

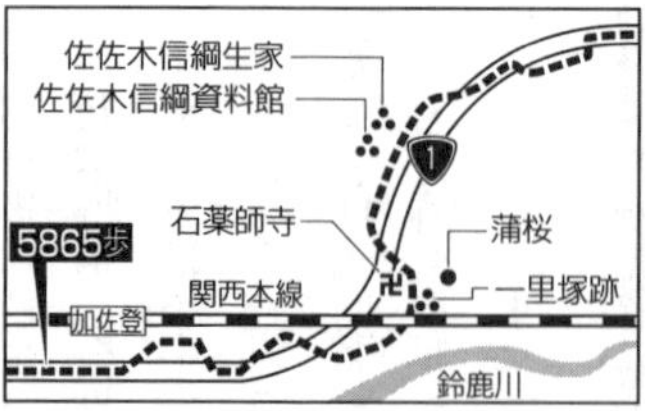

このミクジ判じて曰く
鯉龍門に登る如き開運
の時来り、これ迄辛抱
せし報いにて或は名を
あげ、又は利益を得る
等其人々の立場により
三つの願いも一時に成
就する如き大なる幸福
あり、目上の人に相談
して油断せざれば尚吉

㊹——石薬師宿

石薬師寺。実にいい寺であった。きっと、御利益がある。そう確信して山門を出た。民家に沿った道を行き、小さな蒲川橋を渡ると石薬師一里塚の碑。そばに「くたびれたやつが見つける一里塚」と皮肉な江戸川柳が記されているが、まったく疲れを知らない。ここから庄野までたんぼの中ののどかな道を行く。騒音もないので、携帯電話を使い、四日市に宿を取った。

（浜田）

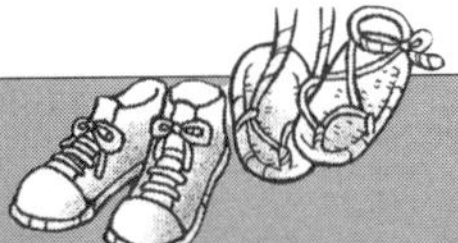

ご夫婦、あるいは1人では季節を問わず、夜間はできるだけ歩かない方がいい。私はどちらかといえば道草をするから、ウオーキングの道中でよく日が暮れた。バスでもあると文句なしに乗るのだが、地方に行くと、2時間に1本なんて所がざらにあるから困った。まさか江戸時代のように追いはぎが出たりしないだろうが、なにかと物騒である。

先日も新聞に小さく載っていたが、有名なウオーキングコースに殺人事件の被害者の死体が埋められていた。いなかに行くと、日が落ちると真っ暗闇になる。都会に住んでいるひとは、その暗さにびっくりするのではないか。

団体で歩く場合には、スケジュールがきちんと決まっているからいいが、名所旧跡をぶらり訪ねたりする気ままなウオーキングは午後5時ぐらいで切り上げるのがベストではないか。

庄《しょう》野《の》宿

春らんまん!?　女性教師と桜の木の下で…

白雨（はくう）。なんと情緒ある言葉だろう。雨にけむる竹林。川沿いの坂道を上る駕篭（かご）かきと破れ傘をさし、急いで坂を下る旅人。広重の五十三次の浮世絵の中でも「庄野の白雨」は絵心のないやけっぱち記者も、うなってしまう。冬の夕立は困るけれど、あの浮世絵を実体験できるなら「ぬれてもいい」ぐらい、この日は腹がすわっていた。

朝、目が覚めたら、跳び上がって万歳したくなるような、奇跡が起きていた。うそじゃない。左腕が上がる。両手の指を交互にからませ、手のひらを上にして伸びをすると、天まで上がる。そう、あれほど悩まされてきた五十肩が突然、治ったのである。右肩はちゃんとするまで丸2年かかったが、今度の左肩はわずか4か月だ。前の宿でお参りした石薬師寺にはなんの義理もないが、さっそく御利益があったのか。

思うに、ウオーキングのたまものだろう。前傾姿勢で無意識に腕を振る。これがじわり、じわりと効いたに違いない。直木賞作家の宮部みゆきさんも、その著「平成お徒歩日記」でウオーキングの効用に触れている。尿道結石で救急車で運ばれ、再び歩き始めるにあたり、担当医にどういわれたか。

「レントゲンで見るとまだ石があるんですけどね、薬を飲むよりも、どんどん水分をとって、どんどん歩いて出しちゃうのが一番いいですからね、そうしてください。痛くなければもうこなくていいですよ」ことほどさように歩くことは健康にいいというわけだ。

庄野宿の入り口あたり

人間、前向きになると幸運に巡り合う。庄野は暖かく、晴れていた。風もなく、絶好のウオーキング日和。庄野宿資料館に入ると、男性の2人連れと女性1人の先客がいた。展示物をひと通り見た後で、パートのおばさんがお茶をいれてくれた。

「40年前に嫁いできたときは、えらいとこにきてしもうたと思ったけど、住んでみると道沿いにええ松が植わって、しっとり落ち着いた所でね。みんなあくせくしない。碁会所があり、句会や謡、田舎にしてはみんないい趣味してるのよ」話はぽんぽん弾み、ご亭主殿とのなれそめまできかされた。

資料館を出て、宿場の入り口まで戻った。広重の浮世絵に描かれた場所とおぼしき坂道がここにある。川はあるが、竹やぶ側は民家が並び、あのイメージは浮かんでこない。2、3枚写真を撮って、先を急ごうとしたとき、資料館にいた女性とまた、会った。名古屋からやってきた31歳の小学校の先生だった。巨木が好きで、休みを利用しては東海道を歩いているという。亀山まで同行することになった。

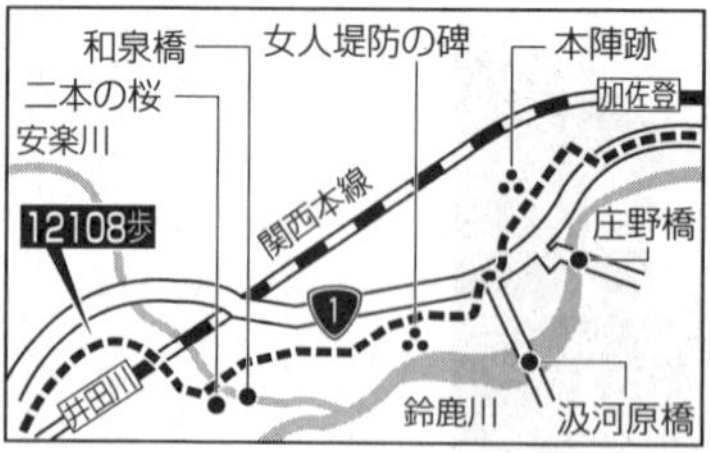

再び、宿場にはいった。資料館のおばさんではないが、ほんと、しっとり、落ち着いた町で、昔の名残をとどめた家並みがあちこちに見受けられた。約600メートルの宿場町を出ると、やがて国道にぶつかる。このあたりにかつて見事な松並木があったといわれているが、いまは1本も見当たらない。それでも庄野が気にいったのは旧街道が国道に寸断されても、吸収されてはいないところだ。街道はおだやかな田園風景となって続き、歩いて旅をするには文句のつけようがない。前夜、三重県出身の

㊺——庄野宿

プロ野球担当記者から電話があったので「日本で一番退屈な県を歩いているんだ」と憎まれ口をたたいたが、あれは撤回する。許せ。水のきれいな安楽川を渡ると、左手に、この地では名のある「二本の桜」。巨木ではないが、小学校の先生が興味を示した。はい、記念写真。桜のつぼみはまだ硬いままだが、やけっぱち記者は春らんまんであった。（浜田）

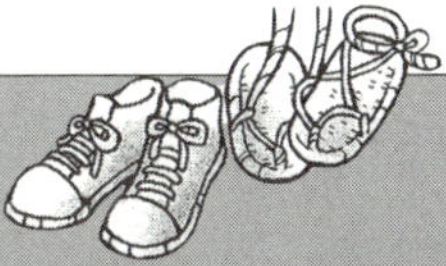

春先の山の中を歩くときは花粉対策にマスクをしているひとたちを見かける。花粉の季節でなくても、マスクはウオーキングの必需品です。

最近は地方自治体などが特別に作ったウオーキングコースがある。道がクッションのいいアンツーカーになっていたり、気の利いた休憩所を設けていたりするなど、いたれりつくせりだが、東海道などはどこを歩いてもたいがい国道沿いになる。回り道がないわけではないが、そういう道は歩道がないので、危険だ。国道沿いの歩道を歩くと、大型のトラックが多いせいか、排出ガスの量にびっくりする。のどの弱いひとは気をつけなくてはいけない。

私はトンネルなどにはいると、ミネラルウオーターでうがいをしては歩いたが、一番いいのは、格好は悪いがマスクではないだろうか。浅田飴でもなめて歩くとなおいいように思う。

亀山宿《かめやま》

任務完了…俺もいっぱしのウオークマン

「お客さん、お客さん」だれかが呼んでいる。はっと目が覚めた。JR茅ケ崎駅ビルの中華料理店。東海道を業務命令で歩くことになり、予行演習として、小田原から茅ケ崎まで27キロを歩いたときだった。なんとか完歩して、食事をしながら飲んだら、このざまだった。約2時間、店内で眠りこけていたのだ。ウエートレスが声をかけなかったら、閉店までそのままだったろう。あれから4か月、いっぱしのウオークマンになり、最後の受け持ち宿の亀山を歩く。

庄野からJR井田川駅まで休憩なしできたが、同行の先生が元気なので、そのまま先を行く。和田道標を越えると、亀山のメーンストリートまでほぼ真っすぐな道が続く。長い坂道をのぼりきって栄町に入ると、亀山ローソクの本社工場があった。ここは全国シェア4割のキ

ヤンドルの町。先生の希望もあり、守衛に見学を申し込んだが、丁重に断られた。

午後1時。腹ぺこで東町商店街に出たとたん、先生と顔を見合わせ「あ、あった」と叫んだ。昭和10年（1935年）から牛肉の水炊きを出している「むかい」で、ふたりともここをねらっていた。昼間からどうかと思ったが、2階の座敷に上がり込む。仲居さんがすべてやってくれた。しゃぶしゃぶよりはるかに分厚い肉。どんぶり大のおはちには口の中にすっぱさが残らない、しょうゆ味がベースのタレと薬味がたっぷり。すき焼きで使う脂身がナベに浮かんでいた。野菜にそのうまみがほどよくからむのだそうだ。

静かな亀山商店街

食べながらウオーキング談議。仲居さんも旅が好きで、北海道に流氷を見に行って、帰ってきたばかりだった。
「荷物を極力少なくする。土産は買わない。資料はよく吟味し、捨てる技術を身につけることですね」やけっぱち記者もえらそうになったもんだ。仲居さんが反応する。
「網走まで行ったんですけど、股（こ）関節を痛めていた知り合いは途中で下着を捨てました。身軽が一番ですもんね」
そう、それが大正解。基本的に下着の替えは持たない。汚い

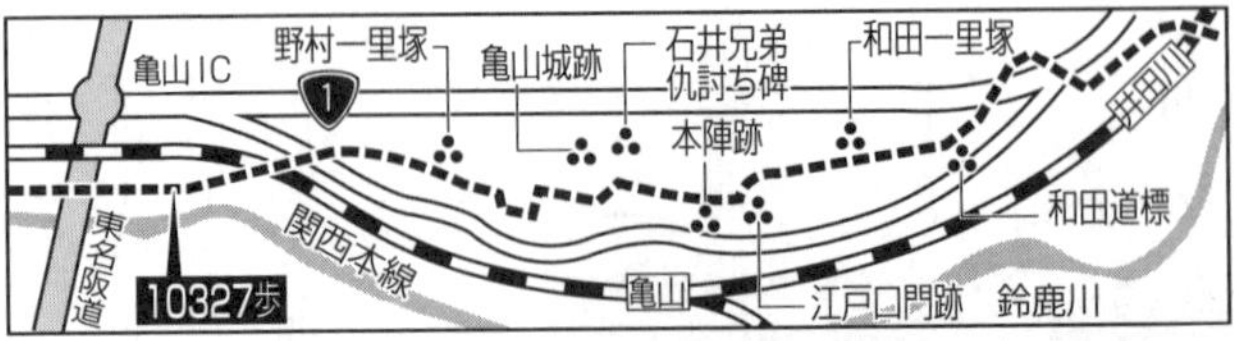

と思うかもしれないが、さにあらず。宿泊先で洗い、寝るときはスッポンポン。どうしても替えが必要なときはコンビニで調達すればいい。

「ずいぶん静かな町ですね」恥ずかしそうに聞いていた先生が話題をかえた。

仲居さんがこたえる。

「夜の8時になると店は閉まるし、通りにはだれもいません。若い人は四日市や松阪の方に車で出ていきます。ここは近鉄電車が走っていないからさびれる一方ですよ」

小一時間休憩し、店を出た。メーンストリートを歩いてびっくりした。土曜日の午後2時過ぎだというのに、人通りがまったくない。一軒あるパチンコ店もつぶれたままになっていた。仲居さんのいうとおりだった。

亀山城の手前から古い民家が並ぶ通りを西に進む。やがて野村一里塚。幹回り6メートル、樹齢400年の椋（むく）の木。大きな木を見ると先生が喜ぶ。薄暗い山道を越え、最終地点の大岡寺畷（だいこうじなわて）の桜並木に着くと、しぐれてきた。ガード下に広重の五十三次壁画。これを見納めに、近くの小学校でタクシーを呼んで亀山駅に向かった。出会いは楽しいが、別れは寂しい。再会を約して先生は名古屋へ、こちらは松阪へ向かった。そこで大阪から呼んだ悪友と打ち上げをすることになっていた。

夜。肉にうるさい悪友が最高のもてなしをしてくれた。酒もうまい。

「おまえも大変だったみたいだな」と慰める悪友を五十肩が治った左腕で制した。彼はかつての彼ならず、だ。あすから熊野古道を歩けといわれれば、わたしは喜んで歩くだろう。（浜田）

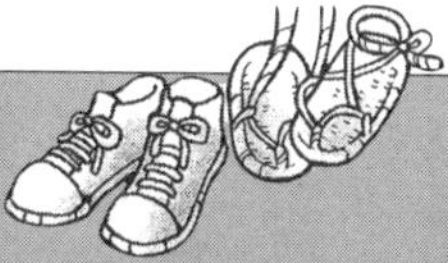

健康にいいウォーキングではあるが、歩いた後のうまいお酒を目当てのひともかなりいる。わたしもどちらかといえばその口だ。五十三次を歩いた後、奈良・月ヶ瀬梅園ウオーキングに、磐城さんと参加したことがある。10キロほど歩いて昼食をとった後、売店でワンカップの日本酒を1本飲んで、つづら折りの山道を歩き始めたが、10分も登ると、息が上がり、足がフラフラになった。ワンカップ1本で、これである。

磐城記者はこのとき、飲まなかった。たぶん、東海道のどこかで酒を飲んで歩いて、こんな苦しい経験をしたに違いない。でなければ、月ヶ瀬梅園で酒をがまんするはずがない。というわけで、いかに左党であろうとも、歩いている間、アルコールは控えたほうがいいと思う。

関《せき》宿

「古き良き日本」に出会えた日、電信柱が〃消えた〃

古い町並みをいくと、ぽつぽつ来た。箱根から、ずっと持ち歩いてきた傘をさす。やっと、雨だ。

関は、東海道でウオーカーに1、2という人気の宿だ。そのわけは、街道の渋いたたずまい。太平洋戦争より前に建てられた家々が、ずずっと肩を寄せあっている。

琴が聞こえてきた。見上げると「生田流　正派」とあった。連子（れんじ）格子から、買い物だろうか、30代の女性が出てきた。視線が合うと、目礼をされた。いやあ、忘れてたなあ、目礼という日本の美風。

雨、琴の音、古い家並み、会釈なんて、出来すぎである。そ

古風な関の町並み

う思っていくと、関の町はずれで、電柱を引きぬいていた。工事のおじさんに声をかける。
「これ？　景観のためだよ。町から電信柱をなくすの」「じゃあ、電線はどこへ？　地下？」「まさか（笑い）、家のうしろに隠すんだ。工事はきょうで、最後だけど」。

記念日とはいいにくいが、関から電柱が消えた日、私にも思い出ができた。雨がみるみる暴れだし、手に負えなくなったのだ。

こんなこともあろうかと、これまた箱根からザックに入れているレインウエアを出し、上着をつける。「東海道を歩くなら、雨具より傘がいい」と、五十三次完歩者から、聞いていた。
「傘で歩けないのは、箱根の急坂ぐらい」だそうだ。ところが、1号線に出たとたん、トラックのハネが、猛しぶきとなって襲ってきた。

急いで、今度はレインウエアの下を着た。いま

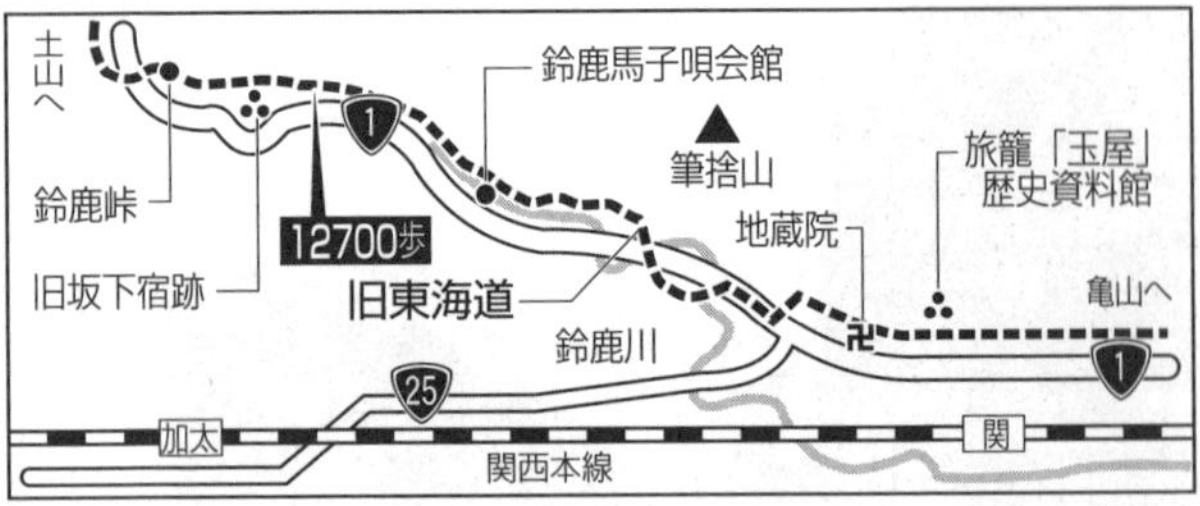

では定番のゴアテックス製だ。登山など、雨具のいるスポーツで昔から「理想の雨具は？」と、果てしない議論が続いてきた。

頭からすっぽりかぶるポンチョは、古くさい。ゴムの雨具は、内部が汗で蒸れてつらい。ゴアテックスが出て、やっとこれが最高だと決着がついたのだが、それでもゴアの雨具上下は2万円以上する。もっと安価で、しかも雨をはじき、汗は外へ出す進化形の用具がほしい。

再び、1号線へ。爆音をたてたトラックの隊列は、ひっきりなしだ。しぶきは、歩道に逆巻いている。雨具と傘の併用ではダメだ。今度は、山で使うスパッツを引き出し、ウオーキングシューズに覆った。

これは、雨や小石がシューズに入らないようにする小道具なのだが、まさか、ホントに使う羽目になるとは思ってなかった。さっきまで見えていた筆捨山（289メートル）は、グレー色のしぶきに消えた。

さあ、突進。トラックの運転席から見たら、私は正気のかぎりではないだろう。なにしろ、氷雨の中を、おちょこになった傘を直し直し、雨具とスパッツで身を固めた中年男がいくのだ。我ながら、コワイ。

㊼——関宿

それでも「やめた！」と言えないところが、日本のサラリーマンである。出直したっていいのに、なぜか、あと戻りできない。

びしょぬれで坂下宿に着いた。ところが、ここには、宿屋がなかった。このまま、鈴鹿峠を越すしかないのである。（玉木）

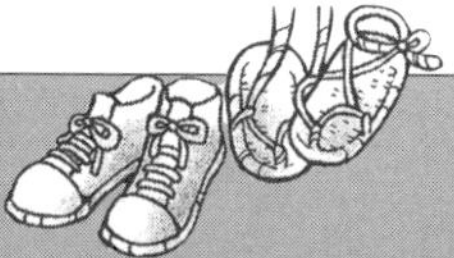

携帯電話はウオーキングの必需品になった。自然のすばらしさを満喫しようとしたら、通信機器はできるだけ避けたい、と思うかもしれない。しかし、ケータイはそれ以上のスグレもの。第一、イヤならいったん、マナーモードにするか、電源を切ればいいのである。

私は腕時計を持たなくなった。ケータイには目覚まし時計の機能がついている。インターネットで天気予報をキャッチできる。ホテルや旅館の予約が可能だ。タクシーや交通機関などと交信できる。緊急時の連絡も、これがあればＯＫである。いいことばかりであるが、泣きどころは水に弱いことだろう。電子機器だから、雨や湿気で死んでしまう。私はケータイをポケットに入れていたのに、雨で水死してしまった。頼りにしていたので、とても困った。

負けてたまるか!!　トラックの爆音に声でやり返す

きょうは、鈴鹿峠を上って下る。

ふと、見ると、道祖神。赤いはかまを、白帯で結んでいる。左右に、みずみずしい緑のシキミ。お供えは、みかんと豆せんべい3枚。清らかな気分になった。

歩きだして、両足がいつもと違うのに、気づいた。「試してみろよ。これはいいから」と、山仲間にすすめられたテーピングの一種、キネシオを、足に張っているのだ。

歩きすぎて、ひざが痛むとき、あるいは、疲れが出たとき、ウオーカーがすることといえば「おふろ」「もむ」「湿布薬」ぐらいだった。

ところが、進化の時代である。キネシオは、筋肉の疲れをいやしたり、予防したりする。そうした評判が広がり、いまではもっとも有名なテーピングとなった。

1号線の手前で石段に取りついた。ここは、東海自然歩道である。きれいな山道がくねっている。ツバキの葉は、油をぬったみたい。ぴかぴかだ。湿った落ち葉から、なつかしいにおいが立ち上ってくる。

鈴鹿峠へ向かう山の道

そんな、いやし系をブッ飛ばすのが鈴鹿トンネルだった。思えば、五十三次で初のトンネルだったような気がする。トンネルに、入ったとたん、鼓膜がちぎれそうになった。耳をつんざく大音響が襲ってきたからだ。

鈴鹿トンネルは、歩道のすぐそばを車が疾走していく。その重量感もこわいが、もっとおっ

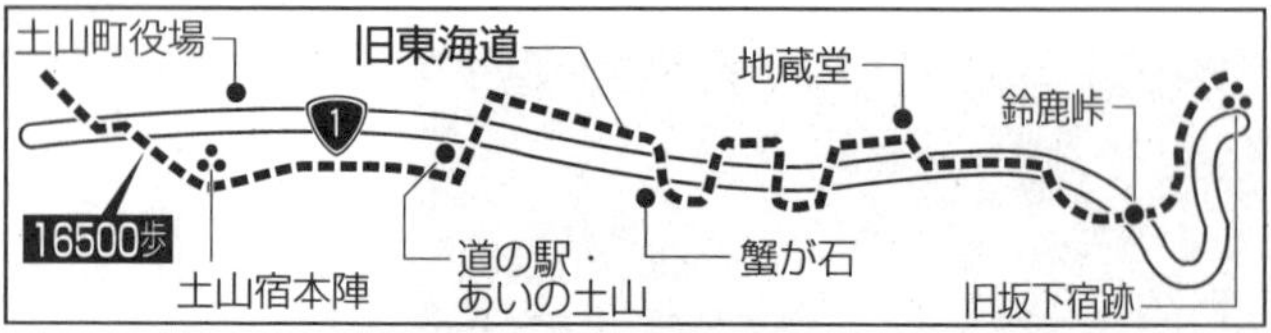

そろしいのが、音の爆弾だ。とくに、トラックはすさまじい。タイヤ音は、壁にぶつかり、ドップラー効果で加速をつけてくるから、ふくれ上がる。

こんな音は、冬山で出くわしたナダレぐらいだ。大地を切り裂く、悲鳴に似た響き。あれだ。

大型トラックは、切れ目なくくる。そのたびに、大音響。音爆弾に10、15回とやられるうちに「負けるもんか」という気になった。

人生は、戦いだ。トラックがきたら、タイミングを計って、「ワーッ」と全力で、やり返す。声の限り、戦うのだ。

鈴鹿トンネルは、276メートルあった。何度も大声を張り上げ、トンネルを抜けた。ぐったりした。

先は、まだ長い。ゆるゆるした下りを、気が抜けて歩いていく。1号線を渡ったり、渡り返したりしながらいく。

声を出しすぎたが、きょうはいつになく、足は軽い。キネシオのことを忘れていた。多くのウオーカーは、ひざが、泣きどころである。私は、あんまり頑張ると、足の三里が痛くなる。痛みはそれぞれ、弱い部位に顔を出す。「キネシオは、周辺の筋肉が持ち上げられた形になって、血流をよくする。だから、効くんだ」と友人の登山家はいう。野球や、大相撲で採用しているキネシオが、今度はウオーキングの武器になりそうだ。これからは、ザックに入れていこう。（玉木）

㊽——坂の下宿

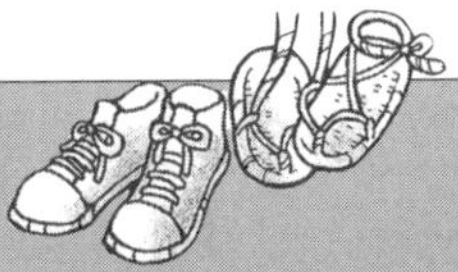

音楽を聴きながら散歩したり、通勤したりする人が増えている。年齢や男女に関係なく、多くの人がイヤホンをつけている。私はウオーキングをしているとき、好きな音楽や落語を聞いて歩いたらたのしいだろうと思って、試したことがあった。

ところが、これは失敗だった。耳をふさぐと、周囲への警戒心が薄れる。だから、車のクラクションが聞こえなくて、危険なことがある。話しかけられても、返事ができないのも困る。第一、自然の音が聞こえないのは、ウオーキングのたのしみが半減するようだった。「そう、バイクが同じなんです。エンジン音で、鳥の声や小川の流れが聞こえないんです。つまんないですよ」と日本一周をしていたバイクの青年が話していた。

四十九

土山宿《つちやま》

朝5時＝起床、夜9時＝就寝…サイレンが鳴り響く

夜。会いたかった女性をたずねて、初めての町をいく。おじさんになっても、こういう晩は、うれしい。

甲賀のおだやかな家並みは、次の水口まで、10キロほど続いている。この土山は、渋い町屋が残る。近くの宿（しゅく）、関が観光的な美とすると、ここは生活の美が観光ととけあっている。

その宿場のなかで、もっとも印象的な店は、民芸・茶房「うかい屋」だった。平屋で、間口がひろい。コーヒー350円は、評判がいい。会いたい人、マサさんはここにいる。

人づてに「あの人は、この町のシンボルですよ」と教

わった。だから、頼みこんで、こうして晩ごはんのあとで、やってきた。マサさんは、しずかな笑顔で「わたしが小さかったころのことですか。はずかしい」と話しだした。

マサさんは、大正3年に生まれた。毎日、家から1時間以上かけて、土山の小学校へ通った、という。大正3年といえば、東京駅ができた年である。

民芸・茶房「うかい屋」

五十三次を歩きながら、いつか昔の話を、ゆっくり聞いてみたい、と思っていた。その願いがかなった。

マサさんが話し出した。「ええ。子どものころ、年に1回だか、お祭りがありましてね、そこに、ニッキ水があったんです。あれは、のみたかったですね。2銭でした。どんな味がするんでしょうね。小学校のころ、こづかいはありませんでしたから」。

やがて、マサさんは小学校の先生になって、土山にもどった。「19歳のときでした。教師になって、初めてボーナスというものが出まして。そのころウチは、お金がなくなっていましたから、親にぜんぶ渡しました。自分

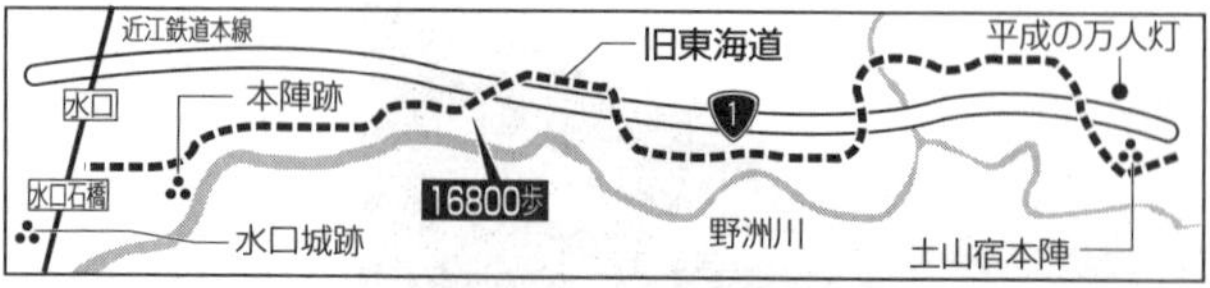

のために、お金をつかったってことは、あんまり記憶がないですね」

そういう時代だった。21世紀、のみたいドリンクをずっと、我慢する少年少女は、日本で絶滅した。ボーナスをそっくり、差し出す若者も、たぶん、全滅しただろう。

さて。日本で健康のためにウオーキングをすすめた元祖は、明治時代の福沢諭吉という。そのせいか、慶大では今年度から、日本の大学で初めて、ウオーキング講座を開講した。

ひょんなことで出会ったウオーキング担当の慶大教授、近藤明彦さんは「新入生の3%が、肥満です。予備軍をふくめると、5%になる。いまの学生は、自信のないことをしないようです。だから、サッカーやジョギングより、もっとハードルを低く設定した。ウオーキングを授業に採り入れた理由は、そこです」といっていた。たしかに、時代が、変わったのである。

朝5時。土山に、おおきなサイレンが鳴りひびく。町全体の目覚ましである。「こんな町は、ちょっとないんじゃありませんか」と、地元の人が笑っていた。

サラリーマンに、5時は早すぎると思うのだが、サイレンは40年、続いてき

㊾——土山宿

た。土山はいまだ、昔の暮らしを守っている。

　夜。町を、ぶらぶら。マサさんの声と、表情を思い出しながら、低い家並みの街道をいく。どこの家も、ひっそりしている。そんな夜の底に、おおきなサイレンが鳴った。「眠るときですよ」と知らせる、午後9時のサイレンであった。（玉木）

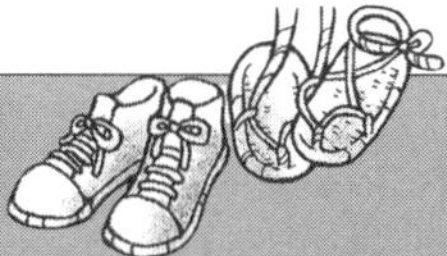

　体感温度をうまく調節していくことは、大きなポイントのひとつである。朝、昼、夜と温度差の激しい日などは、とくに歩きながら、あれこれ工夫をしていく。「暑い」「寒い」をがまんしていると、思いがけず疲労が濃くなっていることがある。いったんバテてしまってからでは、遅すぎるのである。

　私はハチマキ、首巻き、手袋など小物類で調節している。ハチマキはフリース製の真冬用と、それ以外の3シーズン用の綿製。首巻きは保温機能を備えた防寒繊維を使っている。手袋は重宝だ。薄厚3、4種持ち歩くこともある。着脱を面倒がらずに繰り返している。

　小物といっても、これを組み合わせることにより、十分すぎるほどの調節ができる。デザインや肌触りなど、自分の気に入った小物を集めるといい。

「お先にどうぞ」が魅力の英国流ウオーキング

はずかしながら、甲賀の中心地が、ここ水口だと知らなかった。町のまん中に、小意気なデザインのお城があることも、だから、知らなかった。

この連載がはじまったころ、知らなかったといえば、ウオーキングのたのしみ方である。勢いにまかせ、歩いた。1日、50キロとか、9時間半ぶっ通しとか、やってみた。それなりに、達成感はあった。

しかし「どこか、ちがうんだなあ」というわだかまりが、ついて回った。そんなとき、筑波大の教授だった市村操一さんに出会って、目からウロコが、何枚も落ちた。

「英国流のウオーキングの秘密」という本を書いた市村さんは、私の連載を読んで、こんなファクスをくれた。

㊿——水口宿

小堀遠州が設計の水口城

「日本のウオーキングはまだ、ガンバリズムです。英国のは、どちらかというと、お先にどうぞ、のユックリズムです。（スポーツ報知の）ヤケッパチ道中記では、酒をのんで、日だまりの昼寝をたのしむ、なんていうのもいいではないですか」。

すっかり影響されて、さようは英国流である。町から、野洲川にぶつかる、田んぼ道をいくとき、もちろん飛ばさない。それどころか、一本道を、ゆっくり見て歩く。みどりの小草だって、顔を寄せると、かわいいもんだ。

東京の下町を、市村さんとぶらついた夕暮れを、思い出した。英国には、ウオーキングの伝統があって、歩行者の小道は、イングランドとウェールズで、約17万キロあるそうだ。日本で最も有名な歩行者の道、東海道は約５００キロ。

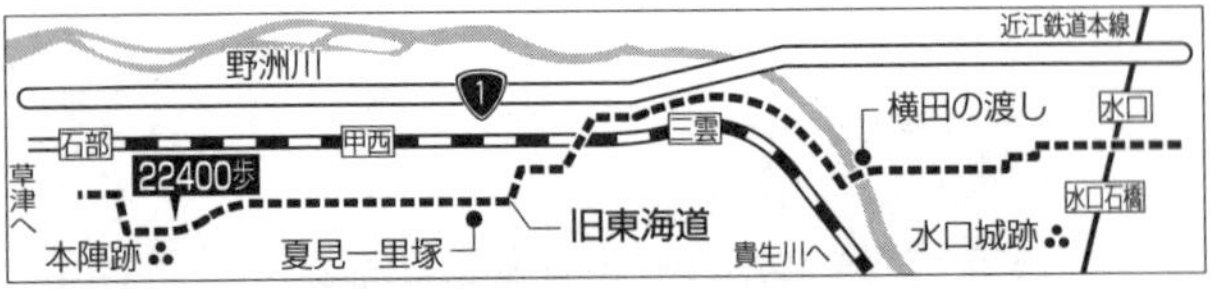

市村さんがいう。「ゴルフ場にも、フットパスと呼ばれる小道が横切っています。ゴルファーは、だれか来たら、プレーを止めて、待っているんです」という信じられない話を聞いた。「サッカーや、野球のように〝勝とう〟とするのは、現代の価値観の反映です。ウオーキングは、勝ち負けではないんですね」。

水口城は、粋だった。すがすがしい気分になった。きょうは、三雲にあるというお城にいこう、と街道を外れる。

あたりの小道歩きをたのしんで、呼吸がゆるやかになっている。そういえば、市村さんは、こういっていた。

「日本は、世界で最もうつくしい国です。その国の道ばたに、どうしてテレビが捨ててあるんですか。それで、平気なんですか」。たしかに、東海道を歩いてきて、車の死体はいくつもあった。ゴミは、数知れなかった。

「でも、私は希望をもってます。小道から小道へ、日本中のきれいな道に、東海道五十三次のような、いいネーミングをして歩いたら、たのしいでしょうね。日本のウオーキングに、新しい芽がでますよ」とも、いった。

歩くことは、それだけでたのしい。健康とか、達成感とか、目的をばっさり捨てるとおおきな喜びが広がる実感を教わった。

私が担当する五十三次のゴール、石部はもう、目の前である。(玉木)

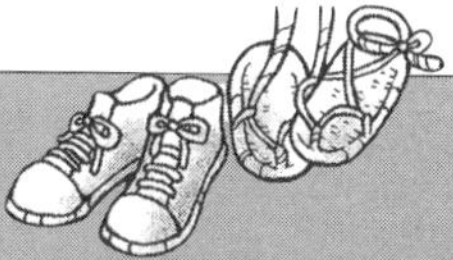

ウオーキングはランニングの延長上にあるという。歩くのと、走るのを同一線上に見て、マラソンランナーだった増田明美さんも両方を組み合わせた練習を勧めている。そうはいっても、東海道五十三次で初めて長距離ウオーキングを実行してみたが、長年、続けているランニングとは全く別物というのが私の印象だった。

ウオーキングは、体への負担が少ないから景色が見られるし、話をしながらでもできる。また、ケガが少ないし、場所や時間を選ばなくてもできる。

そういう反面、ランニングの爽快感、開放感はない。また、一日歩いても、私には達成感が足りなかった。「ええ？　そうなの？　目的地へ着いたら、すごい満足感があるじゃないか。特に、長く歩いた後は感激するじゃないか」と同僚たちは言う。この二つを、私は別々のスポーツ、たのしみと思っている。

石《いし》部《べ》宿

街道文化を守ろうとする町は子供にも優しかった

石部宿（滋賀県甲賀郡石部町）の取材なので石部に泊まろうと思い、旅館「平野屋」に予約を申し込んだところ、「4月まで満室」と断られた。同町唯一の旅館は大繁盛。そこで草津市に宿を取り、草津駅始発のJR草津線を利用して2つ目の石部に入った。

石部のにぎわいの片りんでもしのぼうと、石部駅から約2キロに造られた「宿場の里」を訪ねた。旅籠、茶店、商家を復元し、東海道歴史資料館には幕府直轄だった小嶋本陣が復元（20分の1）されていたが、失った文化の大きさを知らされて悲しい。園内、一巡りして786歩。

10時40分、かつて宿場の「東口」だった石部東6丁目（左に大

久保酒店）から旧街道に踏み出した。家並みの左右に東海道と記した街灯が並び、これが旅人の目印になっている。設置したのは96年、今からでも街道文化を守ろうとする石部町の思いが伝わってくる。

石部東1丁目9、古い家屋が残っていた。山本啓一さん宅。その家で「いしべっ子110ばん」という札が目に付いた。何だろう?と思い、インターホンを押すと、奥さんの蓉子さん（60）が「これは、子供たちが怪しい人に声をかけられたりした時に逃げ込めるようにしているんです」と説明してくれた。いしべ（石部）にいじめっ子をひっかけてのネーミング。気をつけて見ていたら街道のあちこちにある。97年から実施していて、子供を守る町の強い姿勢が見えてくる。石部西2丁目に入ると前方に近江富士と言われる三上山（標高432メートル・野洲町）が。俵藤太が大ムカデを退治したと伝えられている山だ。

俵藤太伝説の三上山

11時40分、3555歩で宮川橋。朝食を食べ損ねたので腹が減った。旧街道には食堂もレストランもない。東海道を記した街灯はここで終わった。名神高速道の下をくぐり栗東町に入ったのは正午。栗東町では「いしべっ子」が「こども110番」になっていた。

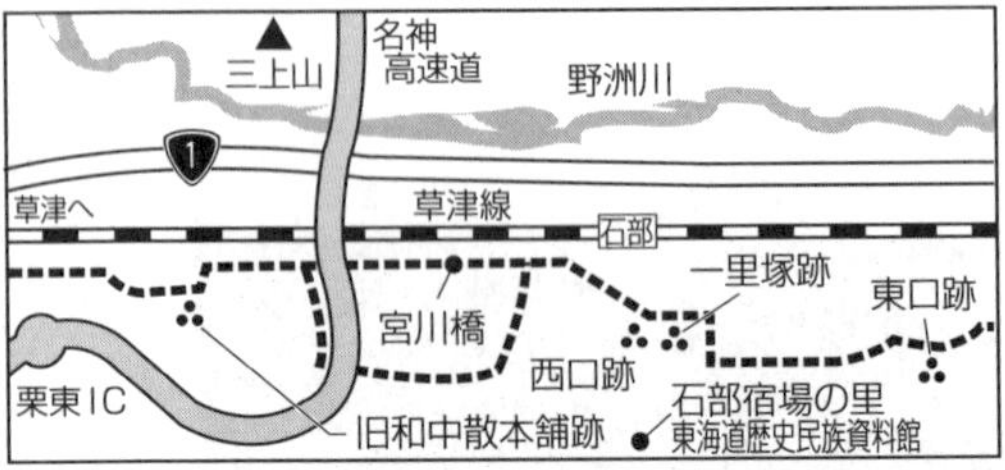

スタートから5・4キロ、7119歩で国の史跡に指定されている豪壮な建物「和中散本舗」。邸内には小堀遠州作の庭園がある。一般開放していると聞いたので見学を申し入れると「1週間前に申し込む制度なので、今から申し込まれても駄目です」と断られた。旅館も見学もよく断られる。

腹をすかせたまま食べ所を求めて栗東町手原の草津線手原駅前に立ったのが13時30分（9665歩）。だが駅前には何もない。わがままな私は腹が減ると怒りっぽくなる。歩いていることにも腹が立つ。こんな状態で歩き続けると精神的によくないので、手原駅から草津に戻った。

怒り腹をなだめたのは草津宿の本陣料理を今に伝えるという「魚寅（うおとら）楼」（草津2丁目）でだった。ブラックバスに追われて生存が危ぶまれている琵琶湖の寒もろこの焼きに始まり、カモ、近江牛、近江かぶらと、近江の旬の地場食材にこだわった料理（コースで6000円〜1万円）を〝取材〟し季節を味わった。「京料理とは一線を画しております」とおかみの遠藤綾さん。旅人は近江料理人の心意気をしっかり受け止めたのであった。（秋保）

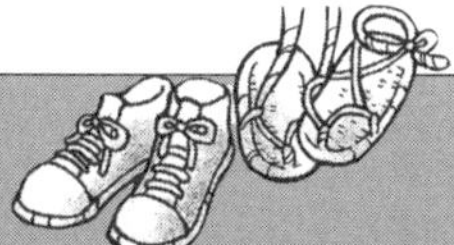

厳冬の道中なので下着は長そでのTシャツにした。その上に薄手のフリース、上着はダウンジャケット。

だがダウンは機動力に欠け、熱がこもりすぎて暑く往生した。それ以上に参ったのが木綿の下着。乾く力が劣り、濡れたら濡れたまま肌にひんやり冷たく密着し、色が茶や黒だったので表面に汗の塩が幾筋も白く浮かび、銭湯に行ったときなど、着替えで恥ずかしい思いをした。木綿のパンツも濡れて吸い付き、気分の悪い歩行となった。

取材班でそんな話を交わし、登山用具店にいい下着のあることを聞き訪ねた。大きなスペースでアンダーウエアが売られていた。それほどに下着は大切ということだが、ポリエステル100%のアンダーウエアとアクリル100%のパンツを購入した。軽くて吸湿性がよく、しかも乾きが速い。以来、手放せない。

五十二

草津宿《くさつ》

無償の行動に支払われる通貨「おうみ」で映画も見られる

草津行きを聞きつけた友人が「温泉でゆったりか」とマジ顔で言う。それも1人や2人ではない。—草津よいとこ…の草津温泉は群馬県。草津違いである。

この草津市で花開き実を結ぼうとしているのが「おうみ」と名付けられた〝地域通貨〟。99年5月にスタートし、2001年4月からは市内シネマハウス前に地域住民の交流の場「おうみステーション『ひとの駅』」（草津市大路1丁目）をオープンさせる。

「おうみ」が目指すのは助け合い&支え合いを核にした地域の活性化にある。自分が他人に対して何かしてやれることがあったら、それを生かしたい—という。この無償の行動に対

して地域通貨「おうみ」が支払われる。

仕掛け人で地域通貨おうみ委員会事務局の山本正雄さん（41）は、「市民だけでなく、行政や市内にある大学などすべてを巻き込んでいきたい。市内だけでなく湖南地方に広がりつつあります」と言う。現在、市内の映画館や一部タクシー会社で〝通貨〟を受け入れており、草津に新風を吹き込んでいる。

本陣料理の「魚寅楼」

天井（てんじょう）川の別名がある草津川。街並みの上を川が流れている。この下に東海道、中山道の分岐となった「追分見附」がある。追分を見張るように国史跡「草津本陣」。東海道では唯一、昔の姿をとどめている本陣建造物として知られ、一般見学（9～17時）が可能だ。

道灌蔵で名高い太田酒造（草津3の10）は追分から814歩。当主は太田道灌の子孫、18代太田實則さん（74）。ここで蔵出し一番の生原酒、伝承四段仕込みの本醸造「しぼりたて」（720ミリリットル、1000円）を買った。この酒、宿に入ってからグラスにごぼごぼ注いでロックで飲んだが、米のエキスが淡く鼻孔を抜け、清涼な酔い水となって胃壁をくすぐった。

2616歩で新宮神社の鳥居と常夜灯。ここに立命館大学の学生に向けたお願いが出ていた。〈この通りは野路町の生活道路ですので、バイク、自転車で進入することは自粛してください〉と。「おい、迷惑かけるんじゃないぞ！」

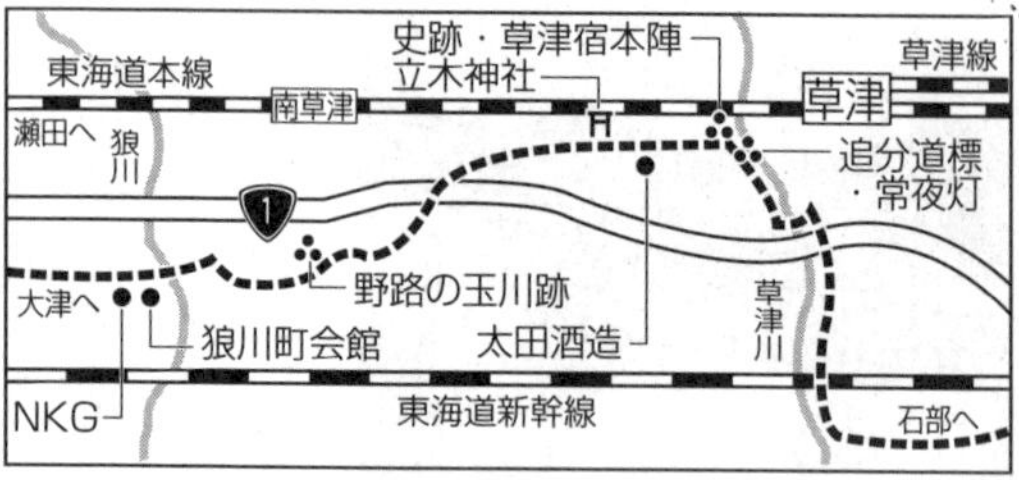

スタートしてから2時間半（4217歩）、狼川を渡った瞬間、お尻にキュンときた。ウンチの催促。我慢できそうにない。「何とかせねば…」見渡すと「狼川町会館」（南笠東4の1）が見えた。助かった！ 駆け寄るが、ウン？ ドアが開かない。人の気配もない。「ううううっ、もう、もう…」括約筋を必死に締めて歩くと工場「NKG（日本硬質硝子）」があった。救いを求めると美人OLが快くトイレを貸して下さった。会館からトイレまでは225歩。途中でお漏らししていたら…思っただけで恥ずかしい。江戸時代はヤブに入り簡単に野ウンチができたのだろうが、中途半端に家並みの続く21世紀はそうもいかない。

NKG正門からわずか277歩で大津市に入り、渡ってみたかった瀬田唐橋を目指した。渡り切って1万93歩。ここからJR東海道本線石山駅に向かい（1万1360歩）、NKGの社業発展を祈念しつつ車中の人となった。（秋保）

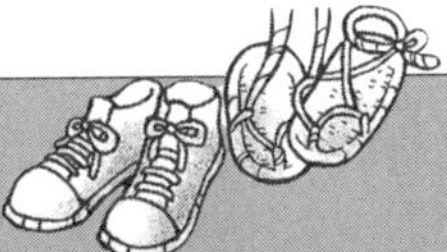

ビールをうまく飲むため、宿に入ってから水分を抑えてきた体に染み込むようにビールが下る。やがて日本酒へ。途中で気付く。（あら！ 普段より調子いいなあ）と。

これが危険信号である。日ごろ2キロも歩いていないのに、いきなり20、30キロと歩くと、内臓にも負担がかかる。そこにアルコールを送り込むと、胃壁も体が通常の状態より酔う。ということはより疲れることになり、飲んでいる時は気付かないが、翌日、胃腸の二日酔いとなって表れる。

胃腸の弱い私はひどい下痢に襲われる。用足しも1回では決まらず、不安を抱えて歩くことになる。行く先々に公衆トイレがあればいいがそうはない。妙なおっさんが民家を「ト、ト、トイレ」と訪ねるわけにもいかず、私は工場に飛び込んで難を逃れた。疲れた体には、いつもの半分のアルコールで我慢すること。

色紙にサイン!?ちょっぴり有名人気分

瀬田唐橋を東から西へ渡りきった左側に割烹旅館「唐橋」がある。以前、会社の忘年会でお世話になった。久しぶりに訪ねたオーナーの保井浩一さん(80)は病気療養中で会えなかったが、奥さんの美代子さんが温かく迎えてくれた。

「保井浩一」の名前を聞いて、往年のプロ野球ファンなら気付くかも知れない。平安中(現平安高)時代に夏の甲子園でサヨナラヒットを打って優勝、1950年(昭和25年)に東急フライヤーズ(現日本ハム)に入団して、あの天才打者・大下弘(故人)とクリーンアップを組んだ強打者だ。その後、大洋(現横浜)、東映(現日本ハム)、近鉄で2軍監督、コーチなどをつとめた。美代子さんが見せてくれた年賀状には

㊸——大津宿

後輩の衣笠祥雄さん（プロ野球解説者）ら数多くの球界関係者の名前があった。

東海道筋にある元プロ野球選手の割烹旅館からゴールの京都・三条大橋まで歩く。道中に「力餅」だの「走り井餅」だのと元気が出そうな名物がある。そこで今回の旅を「餅道中」と勝手に決め、まず京阪・浜大津駅前の1869年（明治2年）創業「三井寺力餅本家」に入った。怪力で名高い弁慶にちなんで名付けられた「力餅」はハチミツにきな粉をまぶした甘い味だった。

日本三大名橋、瀬田唐橋

応対してくれた5代目、滋野啓介さんがスポーツ報知と聞いて奥に消え、新聞を抱えてきた。昨年、巨人がリーグ優勝、日本一になった時の本紙で「愛読者なんですよ。これは永久保存版です」とうれしいことを言ってくれる。

気を良くして難所の逢坂峠に向かうと、50歳前後のご夫婦に出会った。どちらからともなく「こんにちは」とあいさつを交わし、立ち話をしていると奥さんが驚いた様子。聞けばスポーツ報知の愛読者で、この「ヤケッパチ道中記」を読んで、休日に東海道を歩くことにしたそうだ。大阪・高槻市に住む「学校関係者」というから、先生らしい。名前は教えてもらえなかったが、ますます気分を良くして峠を一気に駆け上った。

　その峠に「日本一のうなぎ　かねよ」があった。東海道筋の海沿いや川沿いのうなぎの名店は当たり前だが、峠のうなぎ屋は珍しい。しかも８００坪の庭園に座敷の個室。座敷料は料金の10%割高を承知で腰を下ろした。廊下にミヤコ蝶々、先代の渋谷天外、初代の若乃花ら有名人の色紙が飾ってあった。

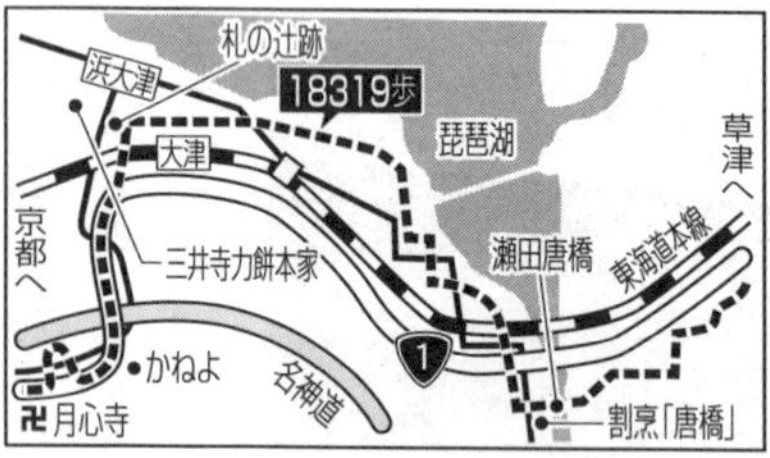

　名物の上きんし丼（１８００円）はうなぎ丼に分厚い卵焼きがのっていて、食べ終わると満腹だった。会長の鍋谷正男さんが、部屋にやって来て「かねよ」の歴史を話してくれた。3代前の女主人が伊勢の川もの問屋と所帯をもったこと、庭園裏の音羽山からの清水が川魚に合うこと、など。そして「実はウチの料理長が大のスポーツ報知ファンでして」と言いだした。
　2度あることは3度ある、というが、まさかこんな旅になるとは思わなかった。部屋を出ると、料理長の村田章太郎さんが名刺を持って「ずっとスポーツ報知を購読しているんですよ。ヤケッパチ道中記、面白いですね。頑張って下さい」とまたまたうれしいことを言ってくれる。色紙にサインこそしなかったが、記念撮影を頼まれた。ちょっぴり有名人になったような気分だった。

「かねよ」を出て、少し下ると日本画家・橋本関雪の別荘跡で知られる月心寺。「走り井」の名水が今もわき出ていたが、近くの「走り井餅」の店は古い看板だけが残っていて、店はなくなっていた。「餅道中」が「スポーツ報知道中」になったが、気分爽快の旅だった。最終ゴール、京都の街が前方に見えてきた。（磐城）

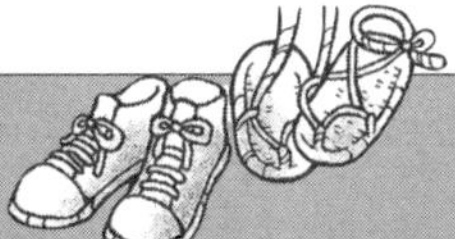

旅先の思い出、記念品を自分で作りたい。日記を付けるのも一つの方法だが、筆無精の人にすすめたいものがある。切手を買って各宿場の郵便局でスタンプを押してもらうのだ。局名、日付、時間があるので、記録としても残るだろう。ただし日曜日、平日の午後5時以降は閉まっている。

もう一つの記念品は昼食、夕食で利用する食堂やレストランでの箸（はし）袋である。箸袋には住所や店の名前が書いてあるから、訪れた宿場がすぐに分かるというわけだ。スタンプしてもらった切手や箸袋をノートやスクラップブックに順番に張っていけば、立派な東海道五十三次ができあがる。その横に食べたもの、値段をちょっと添え書きしておけば、なお楽しい。パンフレットだけを集めるのではなく、自分なりに工夫すればいろんな思い出作りができる。

三条大橋《さんじょうおおはし》

無事にゴォ〜ル　八坂神社で御祓い締めだ

東京・日本橋をわらじを履いて〝七つ立ち〟してから492キロ、ここは五十三次の終着、京都・三条大橋。飲んで、食って、寄り道して足の向くまま、気の向くままのヤケッパチ道中記もいよいよゴールを迎えた。

この連載を始める前、旅人衆は「京都ではみんなでパッとやろうぜ」「先斗（ぽんと）町でヨヨイのヨイか。たまらんのう」「請求書はもちろん社長送りだな、ワッハハハ」と怪気炎を上げていたのだが、迎えてくれたのは鴨川からの冷たい風だけだった。

だが旅の最後は厳粛でなければならない。事故も、けがもなく歩き続けられたお礼と、スポーツ報知のより一層の

発展を祈願して祇園の社、八坂神社に参拝する計画を立てた。その前に表敬訪問したい所があった。京都市南区九条通にある「茶匠　井六園」。

社長の7代目、井上六平さん（65）が呼びかけて平安建都1200年の1993年（平成5年）6月、京都から江戸までの「東海道五十三次お茶壺道中」を130年ぶりに再現した。言わば東海道中の〝先輩〟なのだ。

―ずいずいずっころばしごまみそずい、茶壺に追われて戸ぴしゃん、抜けたらどんどこしょ…の童歌にある「お茶壺道中」は江戸時代、宇治の茶師が徳川将軍家に献上する新茶を運んだ行列だった。豪華な行列は〝お茶壺様〟と呼ばれ、地方で威張っていた大名たちも身を隠すほどの威厳があった、という。

無事ゴールでおはらい

「15日間かけて、延べ4000人ぐらいで歩きました。テスト歩行も2、3回やりましてね。私の若いころからの夢でした」と井上社長。「井六園」では毎年5月2日に建仁寺から八坂神社までの〝ミニお茶壺道中〟も行っている。2003年で31回目になる。

ヤケッパチ道中記の趣旨を話すと、井上社長が「分かりました。私から八坂神社の方に電話をしておきましょう」と言ってくれた。社長室長の田中誠さんが車で同行してくれ、八坂神社の「常磐神殿」に案内された。驚いたことに、一般人はなかなか会えない高名な真弓常忠宮司さんが姿を見せ「そうですか。無事に東海道を歩かれましたか。良かったですね」と有り難いお言葉をちょうだいした。

さらに米川保清権宮司さんに本殿に招かれ、厳かなおはらいが始まったのだった。持参したわらじと、この連載が始まった1月3日付の本紙を本殿に奉納して、祭司奏上、玉串奉奠（たまぐしほうてん）、そしてお神酒を頂いた。こんな経験は初めてだったが、身の引き締まる思いだった。

今回の「井六園」の井上社長はもちろん、東海道五十三次の道中でいろんな人と出会い、温かい激励を受けた。本社に何通もの手紙やはがきも届いた。ヤケッパチ道中記といささか過激なタイトルだったが、人の優しさや情けも知った。

八坂神社を出ると夕やみの京都。四条大橋から見える先斗町の灯が「おいでやす」と手招きしているようだったが、足は駅前の居酒屋に向かっていた。だが気分は爽快だった。共に歩いた仲間、道中でお世話になった人々の顔を思い浮かべてコップにビールをついだ。ヤケッパチ道中記に乾杯！（磐城）

三条大橋

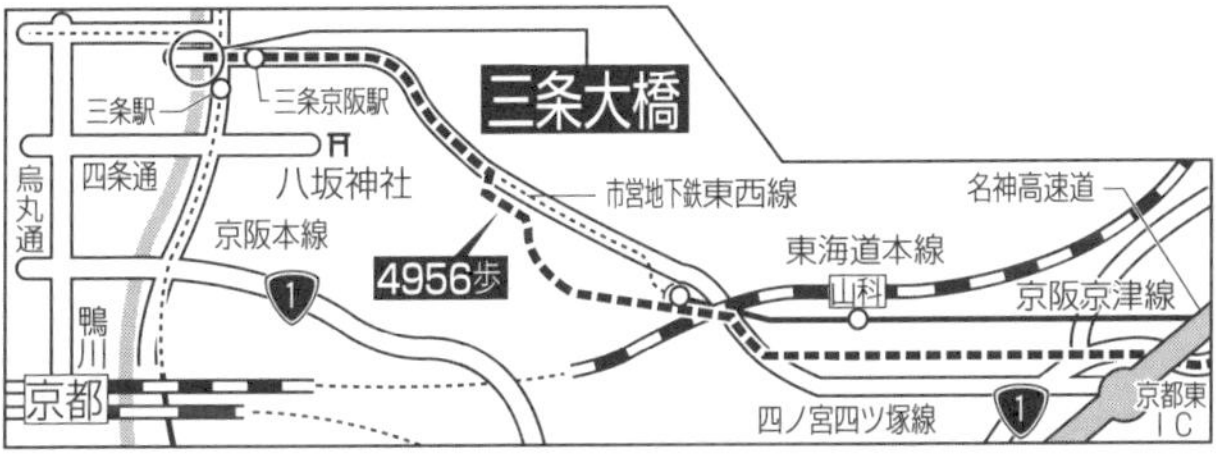

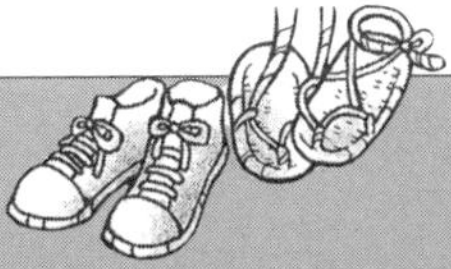

東京・日本橋でも京都・三条大橋でもゴールが近づくと、不思議と足早になる。ちょっとでも早く、その一瞬の感激を味わいたい人間の心理かもしれない。マラソンランナーが疲れ切っていても競技場に入って来るとゴールへラストスパートするのも同じではないか。ゴールインしたときの喜び、感激、達成感は実際に歩いた人にしか分からない。

だから人の目など気にしないで派手なパフォーマンスでゴールインをしてもいい。私は三条大橋を渡って、最後の一線をウサギ跳びで越えた。変人、奇人と思われようが知ったことではない。グループでなら手をつないで、みんな一緒にゴールインだ。道中での苦しかったこと、つらかったことがそれで吹っ飛んでしまう。そして歩き続けた自分を褒めてやり、事故に遭わなかったことに感謝する。新たなウオーキングの意欲もわいてくるだろう。東海道五十三次万歳だ。

●執筆者紹介

磐城　努（いわき・つとむ）編集委員。プロ野球の在阪球団を担当。「世界の盗塁王」福本豊氏（スポーツ報知評論家）の盟友。関西なまり（？）の英語力を生かし、メジャーリーグにも精通。（03年＝平成15年9月で退社。60歳。

秋保　洋征（あきう・ひろゆき）編集委員。旅、特に温泉取材のスペシャリスト。自身の入浴姿をしばしば紙面に登場させ、悦に入っている。熱烈なG党であり「巨人を見なくてメシが食えるか」を地でいく。60歳。

大島　幸久（おおしま・ゆきひさ）編集委員。プロ野球、競馬、芸能の3か所をグルグル回って30ン年。野球は巨人、競馬は穴党、芸能は演劇。夜はお酒と麻雀。歯も毛も抜けたおじさんです。55歳。

玉木　雅治（たまき・まさはる）編集局総務・電子メディア室長。巨人担当を経て文化、社会と渡り歩いた。学生時代はワンダーフォーゲル部。登山、日本酒、そば、クラシック音楽と多趣味なインテリ猛者。54歳。

浜田　昭文（はまだ・あきふみ）大阪本社編集局次長。プロ野球を担当。学生時代は競馬に没頭し、スポーツとは無縁。東京単身赴任中に「歩け」との業務命令がきた。阪神・淡路大震災で禁煙した信念の人。52歳。

「新・東海道五十三次」

2003年10月15日第1刷発行
著者　報知新聞社編集局
発行者　山内　豊
編集統括　大野修一
発行所　株式会社　報知新聞社
〒108-8485　東京都港区港南4―6―49
☎03(5479)1285…販売
☎03(5479)1281…編集
印刷・製本　凸版印刷株式会社

ISBN4-8319-0140-7